Comprender los trastornos de la Menopausia

Comprender los trastornos de la Menopausia

Dr. Santiago Palacios
Dra. Carmen Menéndez

Amat
editorial

Autores: Dr. Santiago Palacios, Dra. Carmen Menéndez
Director de la colección: Emili Atmetlla

© Editorial Amat, 2013 (www.amateditorial.com)
    Profit Editorial I., S.L., Barcelona, 2013

ISBN: 978-84-9735-688-6
Depósito legal: B–20.112–2013

Diseño cubierta: XicArt
Maquetación: www.eximpre.com
Impreso por: Liberdúplex

Impreso en España - *Printed in Spain*

Índice

ÍNDICE

ÍNDICE

Introducción

Genes, biología, edad, género y estilo de vida son los determinantes «oro» de la salud del ser humano.

Se preguntarán extrañados por la razón de este primer párrafo en la introducción del libro, pero es importante cuándo hablamos sobre la salud de la mujer, menopausia y calidad de vida. Los genes (XX) y la edad no son modificables, la herencia difícilmente, la biología femenina tampoco, pero sí sus consecuencias, su posición en la sociedad (género) y estilo de vida.

En general, la percepción de calidad de vida depende del hábitat y entorno cultural donde se vive y difiere de unas sociedades a otras. En este sentido, la biología de la menopausia no difiere de unas sociedades a otras, pero si su percepción. La edad de la menopausia no ha variado a lo largo de los siglos, pero sí la expectativa de vida, ahora mucho mayor. La mujer vive más de 30 años de su vida tras la menopausia.

La percepción individual (ámbito privado) y colectiva (ámbito social) de la menopausia están influenciadas por los estereotipos vigentes de la sociedad en que se vive.

La palabra menopausia significa algo más en la vida de la mujer. Estamos hablando de la repercusión que tiene en su vida, no solo en términos de salud, sino también desde un punto de vista psíquico y sociológico. En una sociedad tan opresiva como la nuestra, cuándo el ser humano va cumpliendo años, la mujer se lleva la palma, debido a la importancia que tienen los estereotipos sociales como clave de éxito social (juventud, belleza, delgadez).

La ausencia de menstruación en la edad media de la vida de la mujer conlleva que la menopausia sea percibida por algunas mujeres como un estigma: *ya he llegado, no hay marcha atrás, las goteras ya empiezan....*

Afortunadamente, esta creencia está obsoleta. Si echáramos la vista atrás y contempláramos fotos de mujeres de estas edades cercanas a la menopausia de hace 40 años y las comparáramos con las de ahora, nos daríamos cuenta del tremendo cambio en la mujer. Ahora, una mujer de cincuenta y tantos es una madura joven.

La vida sigue hacía adelante, el aprendizaje, el éxito, el amor y otras muchas realidades continúan, se repiten, cambian o se conocen de nuevo.

A partir de las últimas décadas del siglo pasado resurge el interés y la investigación sobre lo que supone el declive

hormonal de la menopausia desde un punto de vista biológico, psíquico y social debido, en parte, a la demanda de
millones de mujeres que saben que la menopausia es un
hecho biológico más a lo largo de su vida, no un estigma,
y que los potenciales problemas asociados a ella y al paso
de los años pueden ser prevenidos o controlados. No se
trata de entrar en la polémica de la medicalización o no de
una etapa de la vida de la mujer, *sino de luchar y no perder
el estado de salud que se tenía o incluso más, conseguir un
momento especial en el que estado de salud físico y psíquico vayan de la mano para disfrutar y seguir abrazando a
la vida.*

Estamos en el siglo XXI, un siglo clave en la mejora de la
calidad de vida del ser humano y la gran expectativa de
vida de nuestra sociedad actual *nos habla de que van a
aumentar mucho las enfermedades crónicas.* Es verdad
que la menopausia es una etapa más en la vida de la
mujer, un hecho inherente de la condición femenina, pero
no debemos aceptar como normales sus consecuencias
deletéreas o negativas.

La aparición de trastornos o síntomas relacionados con el
déficit hormonal pueden afectar de forma muy negativa a
las mujeres que los sufren. Me estoy refiriendo al famoso
«síndrome climatérico» o cortejo de síntomas típicamente
relacionados con el déficit hormonal, como sofocaciones,
sudoración nocturna, cambios de humor frecuentes, trastornos del sueño, dolores articulares y musculares (artral-
gias y mialgias.).

Los síntomas, el cambio corporal, la tendencia al aumento de peso, la atrofia genitourinaria, la enfermedad cardiovascular o la osteoporosis son otros problemas reales derivados o relacionados, no solo con la edad o los estilos de vida sino también con el déficit de estrógenos asociado a la menopausia.

Uno de los consejos más importantes que hay que darle a una mujer a esta edad es que busque información. Hay que tener en cuenta que los cambios relacionados con la menopausia, comienzan a menudo varios años antes y continuarán varios años después. Es importante, no solo conocerlos, sino también saber las estrategias de que disponemos para optimizar el estado de salud y la calidad de vida.

Siguiendo una serie de recomendaciones, entre ellas el ejercicio físico, una alimentación sana y equilibrada, así como el asesoramiento sobre las estrategias diagnósticas y terapéuticas disponibles frente a los problemas de salud durante esta etapa, la mujer podrá evitar o retrasar las consecuencias indeseables de la edad y del cese hormonal y mantener una óptima calidad de vida.

La vida del ser humano siempre es hacía adelante desde que nace; en el caso de la mujer la menopausia es una etapa más.

1. Entender la menopausia

Desde la perspectiva biológica hay dos fechas cruciales en la vida y la salud de la mujer que definen dos etapas diferenciadas respecto al contexto hormonal y sus consecuencias: la de su primera menstruación (menarquía) que marca el inicio de su vida reproductiva y «hormonal», y la de su última menstruación (menopausia) que representa el fin de su etapa fértil y el comienzo del declive hormonal.

La primera consecuencia de la menopausia es obvia, la mujer deja de ovular y, por lo tanto, de ser potencialmente reproductora.

Sin embargo, la segunda consecuencia del envejecimiento ovárico es el cese de la producción hormonal, sobre todo de estrógenos, y puede tener importantes repercusiones en el organismo, fundamentalmente durante los primeros años tras la menopausia.

Para entender la menopausia haremos un breve y sencillo repaso de la actividad endocrina del organismo de la mujer desde el inicio de sus menstruaciones (etapa reproductiva o premenopausia), su declive (transición menopáusica) hasta su cese definitivo (menopausia) e inicio de la etapa postmenopáusica.

Premenopausia

Desde que la mujer tiene la primera regla y durante su etapa reproductiva, su organismo está regido por una actividad neuroendocrina compleja y sutil (procedente de neuronas y hormonas), regulada desde el cerebro (eje hipotálamo-hipófisis), y dirigida hacia los llamados órganos diana (ovarios y mamas) para que éstos cumplan de forma cíclica (mes a mes) sus funciones principales ligadas a la reproducción (embarazo, parto y lactancia):

1. Secreción hormonal: estrógenos, progesterona y andrógenos, hormonas responsables de preparar al útero para albergar un potencial embarazo.

2. Producción de óvulos: células sexuales femeninas.

3. Preparación de la mama para la lactancia.

Podríamos decir que el organismo femenino es la máquina perfecta.

De forma esquemática y sencilla vamos a describir a continuación los procesos neuroendocrinos implicados en el ciclo menstrual. Varias estructuras cerebrales controlan el ciclo menstrual pero para ello necesitan una información apropiada procedente del resto del organismo. El centro neurálgico está localizado en un área cerebral que contiene dos glándulas endocrinas interconectadas y claves en la regulación del ciclo menstrual: el hipotálamo y la hipófisis.

El hipotálamo que recibe información registrada por otras áreas cerebrales (por ejemplo, la procedente de los órganos de los sentidos como la visión, el olor y el oído) y de otras áreas corporales la reenvia a su vez a otras áreas del cuerpo. Es decir, actúa como un centro de *feedback:* mando y recibo, recibo y mando.

Una de las hormonas producida por el hipotálamo es la hormona liberadora de gonadotropinas (Gn RH). La GnRH actúa sobre la producción hormonal de la segunda glándula o hipófisis. Dos de las hormonas secretadas son las gonadotropinas (hormona folicular o FSH y la hormona luteinizante o LH) que actúan sobre los ovarios y condicionan el ciclo ovárico (desarrollo y crecimiento del folículo ovárico, ovulación, luteinización—preparación del endometrio tras la ovulación—en ausencia de fecundación) y la producción ovárica de las tres hormonas sexuales de la mujer: estrógenos, progesterona y una pequeña cantidad de andrógenos.

En ausencia de embarazo, esta actividad neuroendocrina se repite de forma cíclica sobre los órganos diana (ovarios): fase folicular y secreción estrogénica, ovulación, fase luteínica y secreción de progesterona. La acción

cíclica de las hormonas ováricas (estrógenos y progesterona) sobre el útero provoca la descamación mensual de
su capa interna (endometrio) o menstruación e inicio de
un nuevo ciclo (véanse figuras 1.1 y 1.2).

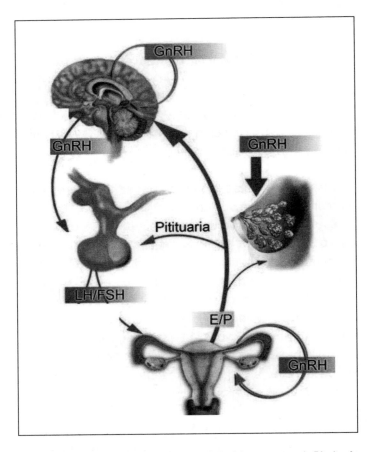

Figura 1.1. *Control neuroendocrino del ciclo menstrual. Pituitaria
(hipófisis). Gn RH (hormona liberadora de gonadotropinas). E/P (Es-
trógenos/Progestágenos).*

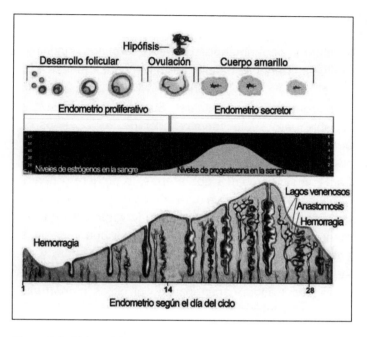

Figura 1.2. *Ciclo ovárico y endometrial.*

Sin embargo, estas hormonas ejercen su acción no sólo sobre el aparato genital y mamas sino que también actúan sobre el resto de los sistemas orgánicos (piel, hueso, sistema cardiovascular, sistema nervioso central, etcétera), debido a que el organismo femenino tiene que estar preparado y responder a situaciones de «sobre-carga» como son el embarazo, el parto y la lactancia.

Podríamos decir que las hormonas femeninas son las grandes aliadas, y en parte responsables, de la salud de la mujer.

Transición menopáusica

Climaterio o perimenopausia son términos sinónimos que se utilizan para definir la transición menopáusica (inicio del declinar de la función ovárica hasta la última menstruación o menopausia). Su edad de comienzo es variable pero suele ser alrededor de los 45 años (de edad).

Esta transición abarca dos etapas, la primera o perimenopausia temprana cuya duración es muy variable y viene definida por cambios sutiles en la longitud de los ciclos menstruales (se alargan y puede haber una variabilidad entre dos ciclos consecutivos de 7 días o más) y una segunda etapa o perimenopausia tardía que suele durar entre 1 y 3 años, caracterizada por ciclos menstruales mucho más irregulares.

El inicio de los primeros síntomas menopáusicos o vasomotores (sofocos, sudores, etcétera) empieza a ser patente en esta segunda fase. Se estima que durante los dos o tres años que dura la perimenopausia tardía entre un 50%-60% de las mujeres son sintomáticas. Con el cese definitivo de las menstruaciones (menopausia) hay un aumento de la sintomatología vasomotora, cambios en el patrón de sueño, síntomas relacionados con la esfera psíquica, como mayor labilidad emocional o cambios de humor frecuentes, etcétera.

Lógicamente, tenemos que pensar que este periodo transicional es necesario para la adaptación del organismo de la mujer a un nuevo estatus hormonal. Estos años y los primeros años postmenopáusicos condicionan una situación de mayor vulnerabilidad biológica y un cambio en el perfil de salud de la mujer.

No es difícil de entender que cuando esta actividad neuroendocrina cíclica cesa, todos los sistemas orgánicos pueden verse afectados, debido a que todos los órganos y tejidos de la mujer poseen receptores para la acción de las hormonas sexuales femeninas, fundamentalmente de estrógenos. Si, además, añadimos el factor «cumpleaños» y la historia personal previa no es de extrañar que exista una mayor vulnerabilidad biológica que justifica la aparición de síntomas diversos y el aumento de ciertos factores de riesgo para la salud que podrán afectar a la calidad de vida de la mujer durante su etapa postmenopáusica.

Menopausia

Esta palabra refleja en realidad la fecha de la última menstruación de la mujer por el cese de la función de los ovarios y es el evento final de la transición menopaúsica. Como es lógico, no podemos predecir cuándo tendrá lugar, sino que la constatamos de forma retrospectiva tras 12 meses sin menstruación.

Desde el punto de vista biológico y endocrinológico la menopausia es sinónimo del fin del periodo fértil y del cese de la actividad funcional ovárica (descenso hormonal), respectivamente. Se pierde la interconexión neuroendocrina cerebral (hipotálamo-hipófisis) con sus órganos diana (ovarios) y comienza el periodo postmenopáusico (descenso estrogénico).

Desde un punto de vista clínico, la ausencia de la menstruación y los síntomas menopáusicos caracterizan a esta etapa.

¿Cuál es la edad de la menopausia natural?

Una mujer tiene su menopausia natural (MN) entre los 45 y 55 años de edad. En España, la media de edad se sitúa en 48,4 años.

Si la fecha de la última regla ocurre entre los 40 y 44 años de edad, la mujer ha tenido una menopausia temprana (MT), y precoz si es antes de los 40 años de edad (MP).

Postmenopausia

Como se ha comentado, el inicio de esta etapa lo marca la fecha de la última regla y el descenso de estrógenos es el estado hormonal que define a dicha etapa.

Igual que la transición menopáusica engloba dos fases (perimenopausia temprana y tardía) existen también dos etapas muy diferenciadas en la postmenopausia:

- Postmenopausia temprana: los primeros 5 años transcurridos desde la fecha de la última regla.

- Postmenopausia tardía: lógicamente, todos los años siguientes....

El nuevo estado hormonal (descenso de estrógenos) condiciona los primeros años postmenopáusicos. Son los años sintomáticos pero también los años donde la respuesta biológica de los diferentes tejidos y órganos al descenso de estrógenos es mayor hasta su adaptación definitiva (postmenopausia tardía).

El descenso de estrógenos durante estos primeros años postmenopáusicos es un factor de riesgo de atrofia genital, de pérdida de masa ósea, de cambios desfavorables en el sistema cardiovascular, etcétera. En definitiva, el nuevo estado hormonal condiciona un cambio en el perfil de salud de la mujer.

Puntos clave

- Climaterio o perimenopausia son términos sinónimos que se utilizan para definir la transición menopáusica (inicio del declinar de la función ovárica hasta la menopausia).
- La menopausia (día de la última menstruación de la mujer) representa el fin de la etapa fértil de la mujer y un cambio en el perfil hormonal (descenso de estrógenos).
- La mujer tiene su menopausia natural entre los 45 y 55 años de edad; la media de edad en conjunto se sitúa alrededor de los 50 años.
- Postmenopausia: el descenso de estrógenos caracteriza el estado hormonal de esta etapa de la vida de la mujer.

2. Transición menopáusica

Los trastornos menstruales, la pérdida de la fertilidad y la aparición de síntomas son los tres acontecimientos que caracterizan al periodo de transición menopáusica y que están relacionados con el declinar progresivo de la función ovárica (hormonal y ovulatoria).

Cerebro y ovarios están íntimamente conectados durante toda la vida reproductiva de la mujer. El descenso progresivo de la reserva celular de los ovarios (folículos) altera la funcionalidad normal de los ovarios, hormonal y ovulatoria, y la «armonía» existente entre el cerebro y los ovarios (eje hipotálamo-hipófisis-ovarios) se pierde.

La pérdida del sincronismo hormonal ovárico (estrógenos, progesterona y andrógenos) condiciona la aparición de trastornos en los ciclos menstruales y el descenso hormonal progresivo, especialmente de estrógenos, la sintomatología. Es difícil encontrar a una mujer que no refiera cambios en sus ciclos menstruales o síntomas típicos de la bajada de estrógenos durante la transición menopáusica.

Son dos de los motivos más frecuentes de consulta «no programada» al ginecólogo de las mujeres entre los 45 y los 55 años de edad.

La mayoría de las mujeres (en torno al 90%) percibe en su cuerpo los avisos del inicio de la transición menopáusica. Solamente el 10 % restante tienen sus ciclos regulares hasta el día de su última menstruación.

La mujer conoce y escucha muy bien a su cuerpo y mente. Durante la etapa reproductiva reconoce sus ciclos menstruales, los signos de aviso de que la «regla» está cerca (signos y síntomas premenstruales), su retraso o ausencia cuando busca embarazo y suele acertar cuándo algo está pasando o no funciona bien.

Precisamente por ello, también al inicio de la transición menopáusica o perimenopausia temprana, la mujer empieza a ser consciente de que algo está cambiando en su cuerpo. Al principio los cambios menstruales son muy sutiles (unos días de retraso o de adelanto, cambios en el volumen del sangrado menstrual). Más tarde se intensifican los signos y síntomas premenstruales. Conforme la mujer se acerca a su última regla o perimenopausia tardía, las irregularidades menstruales aumentan y la mujer empieza a percibir claramente una serie de síntomas que sabe que tienen que ver con la menopausia.

La percepción de estos años es muy individual y difiere de unas culturas a otras. Es lógico y natural entender «el sentir individual» de esta etapa, como muestran los cuatro ejemplos siguientes de la vida real.

> **María:** «*Mis historias menstruales de los últimos años fueron penosas; me sentí liberada cuándo dejé de reglar*».
>
> **Teresa:** «*Entiendo que es una etapa natural, que alguna vez tiene que llegar*».
>
> **Bárbara**: «*Por fin sin problemas de embarazo*».
>
> **Lola**: «*Estoy desolada porque tenía esperanzas de poder quedarme embarazada. He tenido desarreglos desde los 40 años y la ultima regla a los 44 años, demasiado pronto*».
>
> **Cristina:** «*No quiero dejar de reglar, tenerlas me hace sentir bien, no quiero envejecer*».

Tampoco es difícil de entender que las diferencias culturales y el hábitat influyan. En los países más desarrollados como el nuestro, la mujer se ve inmersa en un triple reto sociocultural dominado por el éxito. Ha de ser femenina, sexual y fértil y esta etapa de transición menopáusica puede ser dura para muchas de ellas. En otro tipo de sociedades menos desarrolladas donde la mujer «*no es visible*», la llegada a esta etapa de la vida puede vivirse como una liberación.

Trastornos menstruales típicos

La irregularidad de las menstruaciones es la tónica general en el último periodo de la transición menopáusica. La «anarquía de la actividad neuroendocrina» hipotálamo-hipófisis-ovario es la responsable de la pérdida del sincronismo hormonal ovárico y su repercusión sobre el útero conlleva cambios en el patrón menstrual típico que cada mujer tiene durante su etapa reproductiva (ciclicidad, volumen del flujo, duración) y los ciclos menstruales tienden a volverse muy erráticos e impredecibles. La frecuencia y grado de severidad de estos trastornos son muy variables de unas mujeres a otras.

Inicialmente, estos cambios pueden ser muy sutiles, y apenas son percibidos por la mujer, pero con el paso de los meses la mujer va adquiriendo conciencia de ellos. Unas mujeres refieren que sus ciclos se acortan y perciben que están con «menstruación prácticamente todo el mes»; otras señalan que no les es posible controlar sus ciclos, igual se acortan que se alargan o no tienen reglas durante dos o más meses. De forma similar sucede con el volumen del sangrado menstrual: pasa de escaso a menstruaciones más abundantes de lo habitual o a algún manchado o sangrado entre las menstruaciones.

Médico: «Carmen, no te preocupes, estas irregularidades son típicas, no te pasa nada».

Carmen: «Menos mal que no tengo nada, estaba muy agobiada, pero algo tengo que hace; llevo 3 meses así y estoy que me caigo....».

Médico: «Carmen, ten un poco de paciencia, ya te falta poco, esto es normal.

Carmen (piensa):«No me está escuchando, todo es normal pero yo no me encuentro bien».

Dicho así parece que «es lo normal», pero ¿Somos realmente conscientes de que muchas mujeres lo pasan mal por esos trastornos? El caso de Carmen parece claro *que necesita algo más que paciencia.*

Las mujeres suelen sobrellevar bastante bien los trastornos menstruales típicos de estos años, pero muchas veces necesitan ser controlados, como es el caso de Carmen. La utilización de tratamientos hormonales suele ser suficiente para controlar estos problemas. En muy pocas ocasiones tendríamos que recurrir a una pequeña cirugía como la histeroscopia para intentar solucionarlos.

Los progestágenos, los contraceptivos hormonales combinados o el dispositivo intrauterino hormonal (DIU hormonal) son los tratamientos más utilizados. La elección de uno u otro dependerá fundamentalmente de su estado de salud, de la necesidad o no de contracepción y de la elección personal por uno u otro en ausencia de contraindicaciones para uno o varios de ellos.

- Si Carmen necesitara contracepción, los contraceptivos hormonales combinados o el DIU hormonal serían la primera opción.

- Si Carmen no la necesitara, la toma de progestágenos durante la segunda fase del ciclo menstrual sería otra opción.

- Si Carmen tiene problemas de anemia por los sangrados habría que recetar suplementos de hierro.

Trastornos menstruales anormales

Aunque es frecuente que durante la última etapa de la transición menopáusica haya irregularidades menstruales, también conviene saber que no todas ellas pueden ser achacadas a los cambios hormonales típicos de la menopausia. Por ello, es importante la evaluación de los trastornos menstruales y descartar que su presencia no sea debida a una patología orgánica que pueda causarlos. El mejor consejo es que la mujer no se olvide de acudir a sus controles regulares, o antes si empieza a tener sangrados menstruales más abundantes de los habituales, si sus ciclos se acortan o se alargan demasiado o si empieza a tener sangrados irregulares o tras las relaciones sexuales, y presencia de dolor (véase tabla 2.1).

- Sangrados más abundantes y/o de mayor duración de lo habitual.

- Mayor anarquía de los ciclos menstruales.
  - Ciclos cortos (menos de 20-22 días entre dos menstruaciones).
  - Ciclos alargados (más de 35 días entre dos menstruaciones).
  - Ausencia de regla durante dos o tres meses.

- Sangrados o manchados entre las menstruaciones o con relaciones sexuales.

- Aparición de dolor o dolorimiento continuo.

Tabla 2.1. *Trastornos menstruales.*

Teresa acude a consulta a los pocos meses de su revisión. El motivo es sencillo: «*Desde hace 4 meses tengo pequeños manchados intermitentes; me duelen las reglas y son más abundantes de lo habitual*». Ella presiente que esto no es normal.

Un fuerte desequilibrio hormonal estrógenos/progesterona, la existencia de pólipos endometriales o de miomas que crecen hacia la cavidad uterina o de engrosamientos endometriales anómalos en el endometrio uterino son posibles causas de sangrados anómalos que requieren ser estudiados. Tampoco podemos descartar la existencia de un posible embarazo.

La evaluación de los sangrados junto a la exploración ginecológica y la realización de una ecografía ginecológica serán las herramientas que nos ayuden a filiar su origen. En ocasiones será necesario realizar una biopsia endometrial para descartar que la causa no sea de origen tumoral.

El tratamiento inicial será médico y similar al descrito en el apartado de los trastornos menstruales normales (contraceptivos hormonales, progestágenos) pero dependerá sobre todo del origen de estos trastornos. Recurriremos a la cirugía cuándo el tratamiento médico sea insuficiente para el control de los síntomas o cuándo las imágenes ecográficas o los resultados de la biopsia nos obliguen a ella para descartar la patología de fondo.

Fertilidad durante la transición menopáusica

Cada mujer tiene cuándo nace un número determinado de óvulos (entre 1 y 2 millones). La reserva folicular ovárica (células del ovario que albergan a los potenciales óvulos) disminuye progresivamente desde el mismo momento del nacimiento y a los 35 años es sólo de 25.000 folículos, aproximadamente.

El declive de la fertilidad empieza drásticamente a partir de los 35 años de edad, no solo en el número sino también en la calidad de sus folículos. Las tasas de embarazo espontáneo a los 40 años están alrededor de sólo un 5 % y el 65-70 % de las mujeres de esta edad son infértiles (véase figura 2.1).

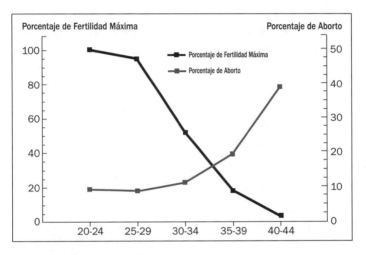

Figura 2.1. *Edad y fertilidad.*

Se estima que en la transición menopáusica la reserva folicular es de apenas 100 folículos.

No obstante, aunque las probabilidades de embarazo espontáneo son escasas, la posibilidad existe hasta que hayan transcurrido 12 meses sin regla y se confirme la menopausia. La mujer lo tiene que saber si quiere evitar «sorpresas». El estado de salud, el estilo de vida que lleva, los hábitos sexuales y su opinión ayudaran al médico aconsejarle el método contraceptivo más idóneo para ella.

Carmen de 44 años de edad, sin pareja estable: el preservativo, que la protege también de las enfermedades de transmisión sexual.

Luisa, de 46 años de edad, madre de tres hijos y pareja estable y con un miedo horrible a quedarse embarazada: si fuera fumadora, el DIU hormonal sería un método eficaz y seguro para ella y si no lo fuera, los contraceptivos hormonales combinados, preferiblemente con estrógenos naturales, como el 17 beta estradiol,.

Estos preparados hormonales actúan de puente entre la premenopausia y la postmenopausia. Por un lado, aportan una contracepción segura y, por otro lado, se comportan como un tratamiento hormonal durante la transición menopáusica. Además, con dicha combinación podrían evitarse los trastornos menstruales típicos de estos últimos años menstruales.

La clave del control de la fertilidad es el asesoramiento y la individualización de cada caso.

Puntos clave

- Los trastornos menstruales, la pérdida de la fertilidad y la aparición de síntomas son los tres acontecimientos que caracterizan al periodo de transición menopáusica.
- La percepción de estos años es muy individual y difiere de unas culturas a otras.
- La pérdida del sincronismo hormonal ovárico (estrógenos, progesterona y andrógenos) condiciona la aparición de trastornos en los ciclos menstruales y el descenso hormonal progresivo, especialmente de estrógenos, la sintomatología menopáusica.
- La evaluación de los trastornos del ciclo, junto a la exploración ginecológica y la realización de una ecografía ginecológica serán las herramientas que nos ayudarán a descartar que estos trastornos no sean debidos a una patología orgánica.
- Aunque las probabilidades de embarazo espontáneo son escasas, la posibilidad existe hasta que hayan transcurrido 12 meses sin regla (menopausia). La mujer lo tiene que saber si quiere evitar «sorpresas» para poder planificar y elegir el método contraceptivo más idóneo para ella.

Transición menopáusica

3. Síntomas menopáusicos

Las sofocaciones y sudoraciones nocturnas, los trastornos del sueño o los cambios psíquicos (mayor labilidad emocional, tendencia a la tristeza, menor tono vital) son los síntomas más representativos del famoso «síndrome menopáusico o climatérico».

Estos síntomas son la queja más común y la causa principal por la que las mujeres acuden al médico en busca de ayuda. Su intensidad y frecuencia es muy variable de unas mujeres a otras. En la sociedad que vivimos, tan sólo un 20-30 % de las mujeres no refieren síntomas asociados a la bajada hormonal tras la menopausia.

Estos síntomas no son graves y suelen desaparecer entre unos 3-5 años después de la menopausia. No obstante, según su frecuencia y severidad la calidad de vida de la mujer puede verse afectada: 1 de cada 4 padece dichos síntomas.

La percepción de estos síntomas, así como su frecuencia y severidad, dependen de cada persona y difieren de unas culturas a otras. La biología y la cultura siempre están interrelacionadas:

- Situación de la mujer: visible o ausente.
- Significado cultural e individual de estos síntomas.
- Significado de la menopausia «per se».
- Estado de salud, factores reproductivos, nutricionales, de estilo de vida, etcétera.
- Nivel socioeconómico, educacional, altitud y humedad de la zona donde habitan.
- Creencias religiosas.
- Acceso a los sistemas de salud.

Si tienen posibilidad de hacerlo, cuando viajen a países de culturas y costumbres distintas, pregunten a las mujeres como pasaron su menopausia y comprobarán dichas diferencias.

Sintomatología vasomotora

Los sofocos y sudores aparecen cuándo los niveles de estrógenos disminuyen. No son exclusivos de la transición menopáusica y postmenopausia temprana sino que pueden aparecer también durante los días previos a la menstruación durante la etapa fértil (niveles estrogénicos disminuidos) y perpetuarse en un pequeño porcentaje de mujeres durante toda la etapa postmenopáusica tardía (véase tabla 3.1).

Los datos de la frecuencia y duración de la sintomatología vasomotora derivan de estudios epidemiológicos realizados en nuestra sociedad actual.

Etapa	Frecuencia
Premenopausia	14% a 51%
Transición menopáusica	35% a 50%
Postmenopausia temprana	30% a 80%
Postmenopausia tardía	5%

Tabla 3.1. *Frecuencia de los síntomas vasomotores.*

La duración de los síntomas vasomotores es muy variable de unas mujeres a otras, pero en general disminuye conforme pasan los primeros años postmenopáusicos y antes de los 60 años suelen desaparecer de forma espontánea. Sin embargo hay mujeres que los sufren hasta edades más tardías y algunas el resto de su vida (véase tabla 3.2).

Porcentaje de mujeres	Duración de los síntomas
80%	Uno y más años
12 a 15%	Persisten a los 60 años de edad
9%	Persisten a los 70 años de edad
5%	Persisten toda la vida

Tabla 3.2. *Duración de la sintomatología vasomotora.*

¿Cuál es la causa de los sofocos?
¿Qué pasa cuándo se produce un sofoco?

El detonante de los síntomas vasomotores es el descenso de los niveles de estrógenos pero el mecanismo íntimo de la «cascada de sucesos» que provocan estos síntomas todavía no está aclarado del todo y tampoco porqué hay mujeres que no los tienen así como la variabilidad de su frecuencia, duración y severidad.

El centro regulador de la temperatura corporal (termostato) se halla en el área cerebral hipotalámica. Este centro percibe «repentinamente» un aumento de la temperatura corporal y reacciona para disipar esta sensación térmica aumentada, mediante la dilatación de los vasos sanguíneos de la superficie cutánea con el objetivo de aumentar su flujo y disipar el calor corporal excedente y enfriar el cuerpo.

Rosa percibe una sensación repentina de calor en la cabeza y pecho que se extiende por todo su cuerpo, se pone roja y empieza a sudar de forma excesiva, está empapada, nota como sus pulsaciones aumentan, siente como el corazón se acelera (palpitaciones) y empieza a tener escalofríos.

Esta es la descripción típica de «una oleada de calor». La duración de estos sofocos repentinos puede ser de algunos pocos segundos o de varios minutos. Su frecuencia varía de unas mujeres a otras, de unos pocos al día a tener episodios frecuentes durante el día y la noche. También su severidad es variable: hay mujeres que los perciben muy levemente y que no les crean excesiva incomodidad, pero habrá otras como Rosa que lo pasan mal: en 1 de cada 4 mujeres la presencia de estos síntomas afecta a la calidad de su vida diaria.

Las mujeres que han tenido menopausia quirúrgica (extirpación de los dos ovarios) suelen tener síntomas vasomotores más severos y durante más tiempo que aquellas cuya menopausia es natural y espontánea.

Los cambios de temperatura brusca, el estrés y comidas o bebidas muy calientes son factores que facilitan la aparición de estos síntomas. Otros síntomas asociados a esta sintomatología vasomotora son los problemas de sueño y una mayor irritabilidad o ansiedad.

La menopausia no es la única causa de sofocaciones. También pueden causarlas problemas tiroideos, infecciones o ciertos fármacos empleados para el tratamiento del cáncer de mama, como el tamoxifeno y los inhibidores de la aromatasa, o para el tratamiento de la osteoporosis, como el raloxifeno.

Síntomas menopáusicos

Trastornos del sueño

Sigamos con **Rosa**, que refiere que desde que está con la menopausia no hay noche que no se despierte 3 o 4 veces sudando y empapada. *«Me duermo con facilidad, pero mi sueño es más superficial, no duermo como antes y me levanto como si apenas hubiera descansado».*

La presencia de sofocos y sudores nocturnos se asocia con cambios del patrón del sueño que pueden desembocar en insomnio crónico. También hay mujeres que sin tener síntomas vasomotores nocturnos refieren peor calidad de su sueño durante la menopausia.

Síntomas psíquicos y cognitivos

Dolores de cabeza, cambios de humor frecuente, mayor labilidad emocional, irritabilidad, ansiedad o tendencia a la tristeza son síntomas también frecuentes durante la transición menopáusica, pero su dependencia directa del cambio hormonal de la menopausia (descenso estrogénico) no está clara. No obstante, de alguna manera debe influir el cambio hormonal cuándo aparecen durante estos años y son motivo frecuente de consulta de muchas mujeres que no tenían tras de sí una historia depresiva o de problemas de cambio de humor frecuente.

Un ejemplo de lo que decimos es **Elena**. Apenas tiene sofocos pero algo le está pasando, siente que no es ella, está más irritable, llora con facilidad, le cuesta concentrarse. *«Esto no es normal, mi vida es la de siempre y no tengo motivos reales para sentirme así».*

Los estrógenos juegan un papel crucial en el sistema nervioso central y varias son las acciones de neuroprotección implicadas (véase tabla 3.3).

- Regulación de la diferenciación y desarrollo de las neuronas.

- Modulación de la excitabilidad de las neuronas y sus conexiones.

- Actuación sobre los neurotransmisores cerebrales implicados en los procesos cognitivos, del estado de ánimo y de la afectividad, del aprendizaje y la memoria (serotonina, noradrenalina, dopamina)

Tabla 3.3. *Estrógenos y sistema nervioso central.*

Como vemos en la tabla 3.3, la bajada de estrógenos puede afectar negativamente a los niveles de serotonina, noradrenalina, dopamina y beta endorfinas, todos ellos neurotransmisores implicados en los cambios de humor y en la depresión. Sin embargo, no está clara su participación como mecanismo causal.

Lo que sí parece evidente es que durante esta etapa transicional y los primeros años postmenopáusicos existe un aumento de los cambios de estado de ánimo: se agudizan los cambios de humor en mujeres con historia depresiva o aumenta la presencia de estados depresivos larvados.

Cambios corporales

Un aspecto importante y que es motivo frecuente de consulta son los cambios corporales y la tendencia a engordar que ocurre durante estos años. Muchas son las mujeres que ven como sus cuerpos cambian y, lógicamente, sufren por ello. La pauta estética que domina nuestra sociedad es demasiado agresiva. El redondeamiento y la acumulación de grasa a nivel abdominal junto al aumento de peso son las quejas más comunes que se formulan durante la etapa de transición menopáusica.

La realidad es que desconocemos «el porqué de estos cambios» y su relación con el cambio hormonal pero lo cierto es que este afecta al metabolismo energético, que se enlentece, y la actividad de las enzimas lipolíticas o quemagrasas abdominales disminuye.

¿Cómo podemos mejorar la calidad de vida durante esta etapa?

Tenemos que tener muy claro que los años de transición menopáusica son años de muchos cambios para la mujer y que su calidad de vida puede verse afectada. Una visión abierta y positiva frente a esta etapa es fundamental.

Imaginemos que estamos en el Instituto Palacios:

Lucía: Entra a consulta, saluda a la Doctora y se sienta.

Doctora: *«¿Hay algún motivo especial para esta consulta o simplemente se trata de un control rutinario?»* Unas sencillas preguntas la ayudan a realizar el «currículum vitae de salud».

Lucía:

- Tiene 52 años de edad, su última menstruación la tuvo hace 6 meses, refiere sofocos, algún cambio de humor y sequedad vaginal.

- Su madre tiene osteoporosis.

- No toma ningún medicamento, sólo algo que le han dado en el herbolario para los sofocos.

- Su última revisión ginecológica y sus últimos análisis clínicos tuvieron lugar hace 3 años; entonces fue cuándo se hizo su primera mamografía. Nunca se ha realizado una densitometría ósea.

Una vez completada la historia clínica, la doctora hará pasar a Lucía a la sala de exploración donde le realizará:

- Una exploración ginecológica y mamaria.

- Una citología y una ecografía ginecológica.

También la tallará, pesará y le tomará la tensión arterial.

Doctora: *«Lucía, en principio estás estupenda pero tienes que hacerte una mamografía y como tus mamas son muy densas también una ecografía mamaria. Te voy a pedir unos análisis de sangre y orina (los últimos te los hiciste hace 3 años) y una densitometría ósea (por el antecedente de osteoporosis de tu madre). Estas pruebas nos ayudaran a valorar tu estado de salud actual y a conocer el perfil de riesgo mamario, cardiovascular y de osteoporosis».*

Lucía: Ha vuelto de nuevo a la consulta para conocer los resultados de las pruebas y saber si puede tomar algo para los síntomas que tiene.

Doctora: *«Lucía, en general estás bien, pero hay dos cosas que tenemos que controlar; por un lado el colesterol lo tienes un poco alto (250 milígramos por decilitro) y la densitometría ósea nos dice que tienes una pequeña pérdida de masa ósea (osteopenia)».*

El estado de salud de Lucía, sus síntomas menopáusicos y como le afectan, y su filosofía de vida o preferencias son factores que ayudaran a Lucía y a su doctora a elegir la mejor estrategia a seguir.

Doctora:

- **Consejos de estilo de vida.**

  - Evita los factores que favorecen la aparición de sofocaciones: ambientes muy cargados o cambios de temperatura brusca, comidas y bebidas muy calientes o muy especiadas o picantes, el alcohol, etcétera.

  - Evita abrigarte mucho durante el día o mientras duermes, utiliza ropa de algodón y no prendas sintéticas que no dejan transpirar.

  - Haz ejercicio moderado pero constante en el tiempo.

  - La práctica de yoga, meditación o taichí, la acupuntura y las técnicas energéticas ayudan a reducir el estrés y pueden aliviar los síntomas.

- **Preparados fitoterápicos.**

  - Isoflavonas (soja, trébol rojo, tofu): Es importante utilizar preparados que estén sometidos a los mismos controles que las especialidades médicas y tomarlos a las dosis

Síntomas menopáusicos

adecuadas. Si tienes síntomas leves, estos preparados pueden aliviarlos, pero su efecto puede tardar en notarse (hasta dos meses después de la fecha de la primera toma). Si no quieres tomar hormonas puedes emplearlos, pero su efecto sobre los sofocos es leve.

- **Preparados farmacológicos.**

  - **Tratamiento hormonal:** Es el tratamiento de elección y está aprobado por las autoridades sanitarias como indicación para los síntomas vasomotores moderados y severos (véase capítulo 9, «Tratamiento hormonal»).

Lucía: Después de recibir toda esta información, Lucía piensa que lo mejor para ella es un tratamiento hormonal a dosis bajas durante un tiempo. *«Me da un poco de reparo tomar hormonas, pero el tratamiento hormonal me va ayudar también a controlar mi masa ósea y mejorar mi sequedad vaginal. La doctora también piensa que es una buena opción».*

Doctora: *«Lucía, te veo en 6 meses para el próximo control».*

Puntos clave

- Las sofocaciones y sudoraciones nocturnas, los trastornos del sueño o los cambios psíquicos (mayor labilidad emocional, tendencia a la tristeza, menor tono vital, etcétera) son los síntomas típicos del «síndrome menopáusico o climatérico».
- El detonante de los síntomas vasomotores es el descenso de los niveles de estrógenos.
- El tiempo de duración de los síntomas es muy variable de unas mujeres a otras, pero en general disminuyen conforme pasan los primeros años postmenopáusicos y antes de los 60 años suelen desaparecer de forma espontánea.
- La presencia de sofocos y sudores nocturnos se asocia con cambios del patrón del sueño que pueden desembocar en insomnio crónico.
- El redondeamiento y la acumulación de grasa a nivel abdominal junto al aumento de peso son las quejas más comunes durante la etapa de transición menopáusica.
- El tratamiento hormonal es el tratamiento de elección y está aprobado por las autoridades sanitarias como indicación para los síntomas vasomotores moderados y severos. Cuándo la sintomatología es leve o moderada la fitoterapia puede aliviarla.

Síntomas
menopáusicos

4. Atrofia vaginal

La salud genital depende de la integridad anatómica y funcional de sus estructuras. Una estrogenización adecuada de estos tejidos es esencial para mantener su integridad.

A lo largo de la vida de la mujer, una amplia variedad de condiciones tanto endógenas (ecosistema vaginal, estatus hormonal, etcétera) como exógenas (contaminación microbiana, relacionadas con el coito, menstruación, higiene, fármacos, etcétera) pueden desestabilizar el bienestar urogenital. Sabemos que el área genital sufrirá inevitablemente un deterioro, como cualquiera otra del cuerpo humano.

Los cumpleaños, la menopausia (déficit de estrógenos) y otros factores exógenos añadidos (partos, cirugía, ausencia de hijos, falta de actividad sexual regular, etcétera) condicionan una serie de modificaciones anatómicas y funcionales que alteran el trofismo, es decir, la composición celular normal, no sólo de la vagina, sino también del resto del aparato genital externo y del tracto urinario distal. Dichas modificaciones predisponen a sequedad vaginal, dolor en las relaciones sexuales o dispareunia, infecciones vaginales o urinarias o incontinencia urinaria.

El deterioro de la salud urogenital no es un problema banal ya que puede tener un tremendo impacto en la función sexual y la calidad de vida de la mujer que lo sufre (personal, relaciones de pareja, social).

Estos cambios se acentúan tras la menopausia conforme pasan los años y el tiempo de ausencia estrogénica, y suelen ser más evidentes a partir de los 5-6 años tras la menopausia.

En muchas ocasiones, estos problemas son contemplados como normales y no se les da importancia. Además, a la mujer con síntomas le cuesta acudir a la consulta médica por este motivo (sólo lo hace una de cada cuatro mujeres).

El conocimiento de la existencia de factores de riesgo del deterioro de la salud vaginal, la identificación precoz de los signos y síntomas derivados, así como la sensibilización de los profesionales de la importancia del mantenimiento del trofismo genitourinario constituyen los tres pilares básicos de la prevención y el tratamiento de estos síntomas urogenitales.

Afortunadamente, existen tratamientos sencillos y eficaces que evitan o reducen estos síntomas, como el tratamiento con estrógenos locales (el tratamiento de elección), sustancias hidratantes, esferas intravaginales, aparatos vibratorios, sin olvidar, por supuesto, el primer escalón de la higiene genital.

Salud genital y menopausia

El mantenimiento del ecosistema microbiano de la vagina (barrera de defensa frente a las agresiones patógenas) y del buen estado de los tejidos del área genital (espesor del epitelio, aspecto rosado, pliegues vaginales, hidratación, etcétera) tienen dependencia del nivel de estrógenos.

El descenso del nivel de estrógenos condiciona cambios fisiológicos y estructurales progresivos en estos tejidos y es el responsable de la aparición de los signos y síntomas característicos de su atrofia.

- Adelgazamiento del epitelio vaginal.

- Pérdida de la rugosidad y elasticidad de los pliegues vaginales.

- Pérdida de la barrera de defensa frente a las agresiones patógenas (infecciones).

- Pérdida de la hidratación normal del área genital.

- Aumento de síntomas urinarios.

Estos cambios tienen un inicio variable pero empiezan a ser patentes a partir de los 2-3 años de la menopausia y se acentúan conforme van pasando los años.

Atrofia vaginal

Signos y síntomas

La sequedad vaginal (75 %) y las molestias o dolor con las relaciones sexuales (38%) son los síntomas más frecuentes.

Cuándo **Beatriz** entra a consulta no sabe como decirle a su médico lo mal que lo pasa últimamente cuándo tiene actividad sexual. Su marido le ha dicho que se lo diga al médico pero no se atreve. Afortunadamente, una simple pregunta de su médico durante la exploración ginecológica le soluciona el problema de pudor: *«Beatriz ¿algún problema con las relaciones sexuales?»*.

Los signos físicos de la atrofia en la vagina y la vulva son fácilmente reconocibles cuándo realizamos la exploración ginecológica. El adelgazamiento del epitelio vaginal y vulvar, así como la disminución de flujo sanguíneo son los signos más característicos de la atrofia urogenital (paredes vaginales lisas y de aspecto pálido, petequias, o pequeños derrames vasculares superficiales, cambios inflamatorios, estrechez del introito vaginal).

La pérdida de la barrera de defensa microbiana vaginal favorece el crecimiento de microrganismos patógenos y aumenta la susceptibilidad a infecciones y el mal olor vaginal (véase tabla 4.1).

Beatriz no ha tenido hijos, siente dolor durante la penetración y le cuesta lubricar durante las relaciones sexuales, se queda hecha polvo después de ellas...

El acortamiento y el estrechamiento de la vagina así como de la entrada de la vagina son más frecuentes en mujeres sin actividad sexual o con actividad esporádica, en mujeres que no han tenido hijos o no han tenido partos vaginales (cesáreas) o en aquellas que presentan una historia de cirugía pélvica.

Menos evidentes son los signos de atrofia en el tracto urinario, no así los síntomas (aumento de la frecuencia urinaria, urgencia, disuria, incontinencia urinaria, etcétera).

Vulva	Vagina	Uretra/Vejiga
Disminución de la adiposidad.	Palidez y petequias en las paredes vaginales.	Micción incompleta y disminución capacidad vesical.
Reducción del vello pubiano.	Desaparición de los pliegues vaginales y pérdida de elasticidad.	Reducción de la presión de cierre uretral.
Labios mayores y menores desdibujados.	Fibrosis o estrechamiento del introito vaginal.	Disuria (molestia al orinar), nicturia o poliuria nocturna y urgencia miccional.
Irritación, picor, inflamación.	Sequedad, quemazón, prurito.	Incontinencia urinaria.
Lesiones eccematosas	Leucorrea y/o secreción anormal.	Infecciones urinarias recurrentes

Tabla 4.1. *Signos y síntomas de la atrofia urogenital.*

Atrofia vaginal

Función sexual y calidad de vida

El bienestar urogenital condiciona la salud sexual de las mujeres. Lógicamente, la sequedad vaginal y las molestias en las relaciones sexuales influyen en el ciclo de respuesta sexual y en la aparición de síntomas sexuales (disminución del deseo sexual, mala respuesta excitatoria y orgásmica).

> *«Mi marido viaja mucho y ello me salva un poco, pero cuándo está en casa quiero que me olvide. Lo hemos hablado e insiste en que lo comente a mi médico. Nos llevamos estupendamente y me da pena por él».*

Esta cascada de eventos conduce a una actividad sexual limitada y muchas veces insatisfactoria. Además, la fuerte interrelación anatómica y funcional que existe entre el área genital y el tracto urinario distal favorece el aumento de síntomas urinarios (aumento de la frecuencia, urgencia, incontinencia o infección postcoital) en presencia de atrofia vaginal.

La atrofia vaginal es uno de los determinantes más importantes de la función sexual y de la salud urogenital y tiene un impacto significativo en la calidad de vida de la mujer postmenopáusica.

Sin embargo, menos del 30% de los profesionales de la salud preguntan por estos problemas a las pacientes que podrían tenerlos. Los médicos debemos ser conscientes y sensibles que la atrofia genital es previsible (hay mujeres con más riesgo) y prevenible o tratable (tenemos buenos tratamientos) y que afecta a la calidad de vida de las mujeres.

Solo una de cada cuatro mujeres con atrofia vaginal acude a la consulta por este motivo. Las razones son múltiples. Muchas de ellas viven los síntomas y los signos de forma individual y, tanto su situación personal, familiar y social como su estado de salud, influyen en una mayor o menor disponibilidad a contarlo (véase tabla 4.2).

Por vergüenza o «son íntimos».

No establece relación de estos síntomas con el déficit estrogénico.

Inevitables/Envejecimiento.

Por actividad sexual reducida, esporádica o ausente durante mucho tiempo.

Por pérdida de deseo sexual.

Por problemas de pareja.

Tabla 4.2. *Motivos de la mujer con síntomas de atrofia vaginal para no demandar ayuda médica.*

Atrofia vaginal

Los profesionales médicos no debemos esperar a que ella nos consulte sino que tenemos que hacer preguntas sencillas y breves en un contexto amigable entre el médico-paciente: «¿Nota últimamente más sequedad?» y «¿Tiene picor, ardor o cualquier otra molestia?»«¿Ha notado dolor últimamente cuando mantiene relaciones sexuales?». Estas preguntas son especialmente importantes si visualizamos signos de atrofia genital.

> Durante la consulta **Beatriz** se conciencia de que su vida sexual es importante también para ella y que tiene que cuidar su vagina como cuida su piel.

¿Cómo se puede ayudar?

El asesoramiento sobre la salud urogenital debe ser considerado en todas las mujeres postmenopáusicas por dos razones: alta incidencia de síntomas (más del 50 % de las mujeres) y repercusión negativa sobre la función sexual y calidad de vida.

- **Preparados no hormonales**

  Contienen agentes protectores (siempre de base acuosa) y sustancias con efectos restauradores del epitelio urogenital:

  - **Higiene genital**: pueden contener sustancias calmantes (extracto de manzanilla, avena, té de bardana, caléndula); hidratantes (ácido láctico y propilenglicol); regeneradoras y protectoras (alantona, pantenol); antipruriginosas (polidocanol) y bactericidas o antifúngicas.

– **Lubricantes:** Son de base acuosa y están indicados principalmente para aliviar la sequedad y reducir la irritación genital y molestias durante la actividad sexual.

– **Hidratantes/Humectantes:** Su utilización no debe limitarse a la actividad sexual, sino como un tratamiento para mantener y mejorar la lubricación de la vagina.

– **Probióticos:** el mantenimiento del pH vaginal ácido es clave para la prevención de infecciones genitales. Los preparados que contienen lactobacilos pueden ser muy útiles en mujeres con molestias vaginales e infecciones frecuentes.

Estos agentes no hormonales deben ser aconsejados a las mujeres menopáusicas, y especialmente a las que no quieren seguir tratamientos hormonales o a las que tienen una historia de cáncer hormono-dependiente (mama, endometrio).

• **Preparados hormonales (Estrogenoterapia)**

Debido a la relación directa existente entre el déficit de estrógenos y la atrofia urogenital, el tratamiento hormonal con estrógenos locales (sistémico o vaginal) es el tratamiento de elección en la prevención y tratamiento de los síntomas de la atrofia urogenital en ausencia de contraindicaciones al mismo.

Atrofia vaginal

- **Estrogenoterapia sistémica:** Estaría indicada en mujeres con síntomas menopáusicos y no está aprobada ni se debería indicar únicamente para tratar los problemas de la atrofia genital.

- **Estrogenoterapia local:** Es el tratamiento de elección cuándo queremos tratar exclusivamente la atrofia urogenital. Contamos con preparados locales o de aplicación intravaginal con pequeñas dosis de estrógenos (estradiol, estriol) en forma de tabletas, cremas, óvulos o anillo.

Las dosis, duración y la pauta de aplicación se individualizarán en cada caso. La mejor recomendación es utilizar la dosis efectiva menor hasta obtener una mejoría adecuada (entre 3-6 semanas) y pasar después a una pauta de mantenimiento dos o tres veces a la semana. (Véase tabla 4.3).

• **Fisioterapia pélvica y técnicas vibratorias**

En ocasiones tenemos que recomendar la utilización de esferas intravaginales para mejorar el tono de los tejidos del suelo pélvico, así como de aparatos vibratorios cuándo haya problemas de estrechamiento de la entrada de la vagina o de la propia cavidad vaginal.

Compuesto	Forma galénica	Dosis
Estriol	Óvulos Crema vaginal	**Iniciación:** 0,5 miligramos cada 24 horas durante 15 días. **Mantenimiento:** 0,5 milígramos cada 72 horas
Promestrieno	Crema vaginal	10 miligramos cada 8, 12 o 24 horas
17 beta-estradiol	Comprimidos vaginales	**Iniciación:** 10-25 microgramos cada 24 horas durante 15 días. **Mantenimiento:** 10-25 microgramos cada 72 horas

Tabla 4.3. *Estrógenos tópicos comercializados en España. Palacios S y cols.* Recomendaciones de la Sociedad Española de Ginecología y Obstetricia sobre la prevención y tratamiento de la atrofia vaginal. Progresos Obstetricia y Ginecología 2012.

Beatriz sale de la consulta con su «kit de cremas» y lo que es más importante, sabe que le va a costar un poco ser constante en su aplicación, pero también que le ayudarán a volver a tener unas relaciones sexuales satisfactorias

Puntos clave

- La estrogenización adecuada de los tejidos genitales es esencial para mantener su integridad.
- El deterioro de la salud genital tiene un tremendo impacto en la función sexual y la calidad de vida de la mujer que lo sufre (personal, relaciones de pareja, social).
- Solo 1 de cada 4 mujeres con problemas de atrofia vaginal consulta al médico por este problema.
- La sequedad vaginal y el dolor durante las relaciones sexuales (dispareunia) son las quejas más frecuentes.
- El conocimiento de la existencia de factores de riesgo del deterioro de la salud vaginal, la identificación precoz de los signos y síntomas derivados, así como la sensibilización de los profesionales sobre este problema constituyen los tres pilares básicos de su prevención y tratamiento.
- Consulta a tu médico cuándo empieces a notar algún síntoma, ¡no esperes!
- El tratamiento debes comenzarlo cuanto antes y debes ser constante para mantener su eficacia.
- Debido a la relación directa existente entre el déficit de estrógenos y la atrofia urogeni-

tal, el tratamiento hormonal con estrógenos locales es de elección para los síntomas de la atrofia urogenital en ausencia de contraindicaciones al mismo.

- Todos los preparados estrogénicos locales son eficaces y suele ser tu preferencia la que determina cual utilizar.

- Los preparados no hormonales (hidratantes, probióticos, lubricantes) deben ser aconsejados a las mujeres a partir de esta etapa de su vida y especialmente a las que no quieren seguir tratamientos hormonales o a las que tienen una historia de cáncer hormonodependiente (mama, endometrio).

Atrofia vaginal

5. Incontinencia urinaria

Iniciamos este capítulo con un comentario muy duro realizado por Howard Kelly, ginecólogo americano y uno de los impulsores de la uroginecologia, quien describía así la magnitud de este problema en 1928:

«No existe una alteración más estresante que la incontinencia urinaria: la repulsiva orina goteando permanentemente, empapando las vestimentas, que cuelgan heladas y húmedas sobre los muslos. El problema es ofensivo para sí misma y para su familia, aislándola de la sociedad».

Es evidente que las cosas han mejorado mucho desde entonces. Sin embargo, muchas son las mujeres que no acuden a consultar al médico por este motivo y muchos son los profesionales que no valoran su existencia y sus consecuencias en la calidad de vida.

¿Por qué ocultar un problema tan frecuente?

¡Qué mujer, a modo anecdótico, no ha contado en alguna ocasión que no ha podido contener la orina! Una risa extrema e incontrolable, una contención demasiado prolongada o la presencia de infección urinaria son ejemplos de las causas más frecuentes de estas pérdidas de orina involuntarias y esporádicas.

Pero conforme pasan los años aumenta el riesgo de que estos episodios de pérdida involuntaria de orina puedan hacerse más repetitivos, presentarse simplemente tras realizar cualquier esfuerzo (reír fuerte, toser saltar, bailar, etcétera). En otras ocasiones puede existir un aumento de la frecuencia urinaria y una sensación urgente de micción lo que favorece la pérdida de continencia urinaria cuándo estamos en momentos o lugares no adecuados y llega a constituir un verdadero problema de salud.

La mujer tiene mayor predisposición a episodios de pérdida involuntaria de orina que el varón. Es evidente que la edad es un factor de riesgo, pero existen también otros factores que explican esta mayor predisposición en la mujer, como su propia anatomía genitourinaria, el embarazo, el parto y la menopausia.

Sin embargo, cuándo el problema de incontinencia urinaria empieza a presentarse suele ocultarse. El pensamiento de que es algo inevitable con el paso de los años y de que no se puede hacer nada o la vergüenza son dos de las razones principales de no consultar al médico por ello. El comentario de Howard Kelly describe muy bien que este problema no solo es higiénico sino que es ofensivo para la propia paciente, repercute en sus relaciones personales y familiares y modifica su forma de vivir con el objeto de evitar situaciones que la pueden comprometer.

Este importante problema de salud, si bien no es grave, tiene tremendas consecuencias negativas en la calidad de vida de la paciente afectada así como repercusiones sociales y económicas (véase figura 5.1).

Es el caso de **Elena**, que se está planteando dejar el gimnasio. Tiene 49 años y 3 hijos. Recuerda que tuvo problemas de incontinencia tras el tercer parto que cedieron espontáneamente. Sin embargo, desde hace unos meses constata pequeñas pérdidas de orina tras saltar o realizar algún esfuerzo....

Es el caso de **Virginia** de 60 años de edad, que siempre que sale, y cada vez lo hace menos, procura no beber. Cuándo entra en un sitio público lo primero que hace es preguntar o buscar donde están los aseos por si tiene una urgencia y podrá llegar a tiempo.

Es el caso de **Paloma**, a la que le encantaba viajar, pero desde hace 2 años sus viajes se han reducido y ha vuelto a utilizar compresas cada vez que viaja. Aguanta muy poco y a veces no tiene tiempo de llegar al cuarto de baño. También siente el escape de orina cuando tose con cierta fuerza.

Incontinencia urinaria

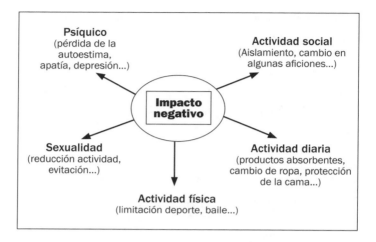

Figura 5.1. *Consecuencias de la incontinencia en la calidad de vida.*

Los datos nos dicen que de cada 100 mujeres 24 tienen este problema, independientemente de cual sea su edad. De cada 100 mujeres de mediana edad, entre 30 y 40 sufren de incontinencia, cifra que aumenta hasta 50 en las mujeres mayores de 80 años.

La incontinencia urinaria se ha contemplado hasta hace relativamente poco tiempo como un signo o cambio normal dependiente de la edad del sistema urinario (su prevalencia e incidencia aumenta con la edad) y no como un síntoma o problema de salud.

No debemos creer que este problema es inevitable con la edad y que no podemos hacer nada al respecto. Su diagnóstico precoz y, aún mejor, su prevención está en manos de los médicos y en las de la mujer afectada.

La incontinencia urinaria puede ser prevenida (hay que conocer los factores de riesgo) y/o tratada (hay medios terapéuticos) si la mujer está correctamente diagnosticada.

El verdadero problema que tenemos que resolver es que la incontinencia urinaria es ocultada por la propia paciente (la vergüenza o el pudor de comentar el problema a su médico) así como obviada por el propio profesional médico (no dedica tiempo a averiguarlo y va directamente al problema que motivó la visita).

Factores de riesgo

Los factores de riesgo de incontinencia urinaria son aquellos que de una manera u otra afectan a la estabilidad del suelo pélvico y a las estructuras que intervienen en el proceso de contención de la orina. Unos no son modificables (edad, ser mujer, embarazo y parto, menopausia, intervenciones quirúrgicas pélvicas) y poco podemos hacer para evitarlos. Sin embargo, si podemos intervenir o controlar otros que facilitan la incontinencia urinaria (véase tabla 5.1).

Los cambios fisiológicos y estructurales del aparato genitourinario como consecuencia de la menopausia (descenso de estrógenos) afectan a la fortaleza y elasticidad de las estructuras musculo-tendinosas del suelo pélvico directamente relacionadas con el mecanismo de la micción, favoreciendo su caída o descenso y, consecuentemente, facilitando la pérdida involuntaria de orina (véase figura 5.2).

Incontinencia urinaria

Tanto si estos factores son modificables como si no, el bienestar del suelo pélvico a lo largo de toda la vida de la mujer es muy importante para evitar, retrasar o reducir este problema del control de la micción.

Edad.

Embarazo/parto (multiparidad, desgarros).

Menopausia/Déficit de estrógenos.

Cirugía pélvica (histerectomia, etcétera).

Prolapso o descenso de los órganos pélvicos.

Estreñimiento, infecciones urinarias.

Enfermedades neurológicas, diabetes, hipertensión arterial, obesidad.

Tabaquismo, cafeína, alcohol, fármacos (por ejemplo, diuréticos)

Tabla. 5.1. *Factores de riesgo de incontinencia urinaria.*

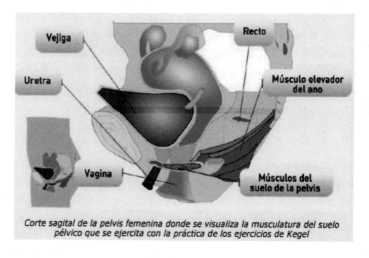

Corte sagital de la pelvis femenina donde se visualiza la musculatura del suelo pélvico que se ejercita con la práctica de los ejercicios de Kegel

Figura 5.2. *Estructuras del suelo pélvico.*

Tipos de incontinencia urinaria

Fundamentalmente, existen dos tipos de incontinencia urinaria:

- *La incontinencia llamada de esfuerzo o de estrés*, causada por el debilitamiento de las estructuras musculo-tendinosas del suelo pelviano que facilita el escape involuntario de orina tras cualquier situación que aumente la presión abdominal e intravesical (toser, bailar, saltar, reír o realizar un esfuerzo físico similar) y que la presión de cierre del esfínter uretral no es capaz de contrarrestar.

  Suele ser más frecuente en los periodos postparto, durante la transición menopáusica y primeros años tras ella. Es el caso de Elena.

- En el caso de Virginia la causa es distinta, es la llamada *incontinencia urinaria de urgencia* (sensación repentina y apremiante de deseo de orinar que puede ir acompañada de pérdida involuntaria de orina durante este tiempo o inmediatamente después si no se dispone rápidamente del lugar adecuado).

  El problema radica en una pérdida del control normal que ejerce el músculo de la vejiga, músculo detrusor, en el proceso de contención urinaria. Este músculo se vuelve muy irritable, se contrae con demasiada facilidad y provoca estos episodios de frecuencia y urgencia urinaria. Este tipo de incontinencia es más fre-

Incontinencia urinaria

cuente en la postmenopausia tardía (mujeres mayores de 60 años de edad).

- Pero estos dos tipos de incontinencia urinaria pueden asociarse, como es el caso de Paloma. Es la llamada *incontinencia mixta* y la más frecuente conforme pasan los años.

Diagnóstico del tipo de incontinencia urinaria

Unas sencillas preguntas nos orientarán hacía el tipo de incontinencia presente o a una posible coexistencia de ambos tipos.

El registro diario durante una semana de los síntomas urinarios nos puede ayudar también (cantidad de líquidos que se ingieren y frecuencia urinaria a lo largo del día, episodios de pérdida involuntaria de orina tras esfuerzos o relacionados con urgencia urinaria repentina, etcétera).

La realización de una sencilla prueba y sin riesgos como es el test urodinámico nos informará no sólo sobre el tipo de incontinencia urinaria sino también del grado de severidad y orientará hacia la estrategia terapéutica más adecuada.

Estrategias terapéuticas

Contamos con distintas estrategias terapéuticas que pueden combinarse según el tipo de incontinencia urinaria y grado de severidad. La elección dependerá principalmente de los factores causales y de riesgo implicados.

Estrategias no farmacológicas

- Medidas de estilo de vida (véase siguiente apartado, «Nuestros mejores consejos»).

- Medidas de protección absorbente (compresas o pañales), específicamente diseñadas para este problema. Como la mayoría de las otras estrategias terapéuticas disponibles tardan un cierto tiempo en ser eficaces, la utilización de estos protectores puede ser una buena opción inicial, pero transitoria, por razones de higiene, pero no como tratamiento a medio y largo plazo.

- El asesoramiento y aprendizaje de las diversas técnicas de rehabilitación pélvica para fortalecer el suelo de la pelvis son el primer paso imprescindible en la prevención y tratamiento de cualquier tipo de incontinencia urinaria, especialmente la de estrés o de esfuerzo (véase tabla 5.2 y figura 5.3). Una adecuada rehabilitación pélvica soluciona más del 50 % de los casos de incontinencia urinaria de esfuerzo si se lleva a cabo de forma regular y constante. Sería el mejor tratamiento para Elena y para todas las mujeres en general.

Incontinencia urinaria

Ejercicios de Kegel

Esferas intravaginales

Técnicas de electroestimulación

Biofeedback

Tabla 5.2. *Fisioterapia del suelo pélvico.*

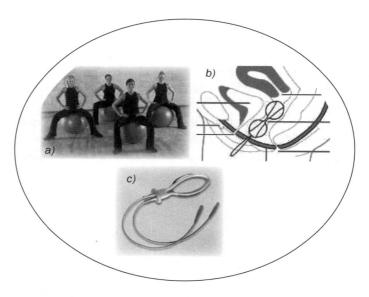

Figura 5.3. *Ejemplos de técnicas de rehabilitación del suelo pélvico.* a) Ejercicios de Kegel; b) Esfera intravaginal; c) Aparato utilizado en las técnicas de electro-estimulación.

Estrategias farmacológicas

- *Incontinencia urinaria de esfuerzo*: no disponemos de ningún fármaco con indicación formal para este tipo de incontinencia. Aunque algunos estudios sugieren que el tratamiento con estrógenos locales puede mejorar este tipo de incontinencia, no existe una evidencia científica sólida que lo apoye.

- *Incontinencia urinaria de urgencia*: en este tipo de incontinencia si existen fármacos que han demostrado ser efectivos, bien porque disminuyen la actividad del musculo detrusor o bien porque aumentan la resistencia uretral. El asesoramiento individual sobre el perfil y riesgo de estos fármacos será clave para aconsejar a cada mujer la opción farmacológica más apropiada. Virginia y Paloma podrían beneficiarse de un tratamiento farmacológico.

Opción quirúrgica

En determinadas ocasiones, la intervención quirúrgica puede ser una opción para el tratamiento de la incontinencia urinaria cuándo fracasan los tratamientos descritos con anterioridad o cuándo este problema esté relacionado con prolapsos severos de los órganos urogenitales (por ejemplo, descensos o deslizamientos de útero y vejiga).

Incontinencia urinaria

Nuestros mejores consejos

- Elimine o modere los alimentos o bebidas irritantes de la vejiga (cafeína, tabaco, alcohol).

- Evite el estreñimiento, controle el peso y realice una actividad física moderada pero constante en el tiempo.

- Realice ejercicios específicos de fortalecimiento del suelo pélvico. Su aprendizaje y práctica desde edades tempranas reduce el riesgo de incontinencia urinaria.

- Acuda a su médico si tiene más de un episodio de pérdida involuntaria de orina en poco tiempo.

Puntos clave

- La mujer tiene mayor predisposición a episodios de pérdida involuntaria de orina que el varón. La edad es un factor de riesgo pero existen otros factores en la mujer que explican esta mayor predisposición, como su propia anatomía genitourinaria, el embarazo y parto o la menopausia.
- No debemos creer que la incontinencia urinaria es inevitable con la edad y que no podemos hacer nada. Puede ser prevenida (hay que conocer los factores de riesgo) y/o tratada (tenemos medios terapéuticos) si está correctamente diagnosticada.
- La incontinencia llamada de esfuerzo o de estrés es secundaria al debilitamiento de las estructuras musculo-tendinosas del suelo pelviano y es más frecuente durante la transición menopáusica y primeros años postmenopáusicos.
- La incontinencia de urgencia obedece a una pérdida del control normal que ejerce el músculo de la vejiga o músculo detrusor. Es más frecuente en la postmenopausia tardía, a partir de los 60 años de edad.
- La realización de una sencilla prueba y sin riesgos como es el test urodinámico nos informará no sólo sobre el tipo de inconti-

nencia urinaria sino también sobre el grado de severidad y orientará hacia la estrategia terapéutica más adecuada.

- El aprendizaje desde edades tempranas de los ejercicios que fortalecen el suelo pélvico es clave en la prevención de la incontinencia urinaria de esfuerzo.

6. Menopausia precoz y menopausia temprana

En esta obra sobre la menopausia no podía faltar este capítulo. El reloj biológico que rige las diferentes etapas relacionadas con la menstruación ha variado muy poco a lo largo de la historia de la humanidad y, aunque existe un cierto adelantamiento, la edad en que se presenta la menopausia se mantiene dentro de los intervalos de referencia considerados normales.

La percepción que tiene la mujer de la edad en que se produjo su última regla se sitúa en torno a los 50 años. Pregunten a las mujeres y verán que la mayoría de ellas nos dirán que alrededor de los 50 años y no a los 46 o a los 48 años.

Cuándo la función ovárica (hormonal y ovulatoria) de una mujer cesa antes de los 40 años hablaremos de menopausia precoz y lo haremos de menopausia temprana cuando se produce entre los 40 y 44 años de edad (véase tabla 6.1).

Menopausia	Edad de presentación
Natural	45- 55 años
Precoz	Menos de 40 años
Temprana	40-44 años
Tardía	Más de 55 años

Tabla 6.1. *Tipos de menopausia*

Elena, Teresa, Ana, Raquel, Elisa hablan sobre la menopausia. Las 5 amigas consideran que su menopausia ha sido demasiado temprana o precoz.

Elena: a los 47 años de edad, de forma espontánea.

Teresa: a los 44 años de edad, tras recibir quimioterapia por su problema de cáncer de mama.

Ana: a los 39 años de edad, sin motivo aparente; eso le dijo su doctora.

Raquel: a los 43 años de edad tras sufrir la extirpación de ovarios y útero (histerectomía más doble anexectomía).

Elisa: a los 38 años de edad le quitaron el útero (histerectomía simple); ahora tiene 42 años de edad.

Podría parecer que las 5 tienen razón en que su menopausia tuvo lugar demasiado pronto, pero solo una, Ana, ha tenido una menopausia precoz,

> antes de los 40 años de edad. En cambio, la de Elena está en el rango de edad de la menopausia *natural*, entre los 45-55 años de edad. En España la edad media de la menopausia natural es de 48,4 años. Teresa y Raquel han tenido una menopausia temprana, entre los 40-45 años de edad.

La menopausia precoz (MP), denominada también fallo ovárico prematuro (FOP) y la menopausia temprana (MT) se merecen un capítulo en este libro sobre la menopausia debido a que existe una evidencia científica sólida que demuestra que estos tipos de menopausia, fundamentalmente la precoz, tienen consecuencias negativas sobre la salud física y psíquica de las mujeres que las sufren y un mayor riesgo prematuro de enfermedad y muerte si las afectadas no reciben un tratamiento adecuado (reposición hormonal al menos hasta la edad de la menopausia) (véase tabla 6.2).

- Reproductivas.
  - Infertilidad.
  - Embarazos espontáneos 5-10 %.
- Psicosociales.
  - Ansiedad, depresión.
  - Afectación de la función sexual.
- Déficit hormonal «antinatura».
  - Más riesgo de problemas de salud

Tabla 6.2. *Consecuencias de la menopausia precoz*

Menopausia precoz y menopausia temprana

Se estima que de cada 100 mujeres 1 tendrá menopausia precoz (MP) como Ana, de 5 a 10 tendrán menopausia temprana (MT) como Teresa o Raquel y la mayoría, como Elena, tendrán la menopausia en torno a la edad biológica o natural (MN).

Pero Elisa ¿Tiene o no tiene menopausia?.

En principio, no. El caso de Elisa, es distinto. Le extirparon solamente el útero (histerectomía), dejó de reglar definitivamente pero conservó sus ovarios. Ahora tiene 42 años y, lógicamente, sus ovarios deberían funcionar hasta la edad de la menopausia natural.

¿Por qué ocurre antes de tiempo?.

En la mayoría de los casos –hasta un 60%– como en el de Ana, no conocemos la causa y la denominamos menopausia de origen idiopático o desconocido. El resto de los casos son secundarios a procesos de origen genético, autoinmunes, metabólicos o de origen iatrogénico, relacionados con tratamientos médicos, como es el caso de Teresa (recibió radioterapia y quimioterapia que destruyeron las células ováricas) o el de Raquel (le extirparon los dos ovarios (cirugía pélvica).

Factores de riesgo

Tienes que saber que si eres una mujer fumadora o tienes historia familiar de MP, sólo tienes un ovario, eres epiléptica o has tenido una pobre respuesta a la estimulación en tratamientos de reproducción asistida vas a tener un mayor riesgo de que tu última regla se adelante.

¿Cómo sé si la ausencia de regla significa o no que ha llegado la menopausia?

En ausencia de causas claras y siempre que se trate de un simple trastorno menstrual lo primero que tenemos que descartar es la presencia de embarazo, si procede, mediante un sencillo test de embarazo (orina o sangre).

Pero, ¿Cómo puede saber cuándo llegará a ella si no tiene la regla? ¿Esperará a tener síntomas? o ¿Podemos saberlo de otra forma?.

La presencia de síntomas vasomotores (sofocos y sudores), problemas del sueño o sequedad vaginal junto a la ausencia de la menstruación no son causas suficientes para determinar si se trata o no de la menopausia.

Necesitamos algo más, conocer los niveles de estrógenos en sangre y de la hormona hipofisaria folículo estimulante (FSH). Un sencillo análisis de sangre nos informara sobre ello. Decimos que una mujer tiene menopausia o cese definitivo de la función ovárica cuándo vemos que los nive-

Menopausia precoz y menopausia temprana

les en sangre de la hormona hipofisaria folículo estimulante (FSH) son superiores a 50 UI/mililitro y los de estradiol son inferiores a 25 picogramos/mililitros.

Estas cifras las encontramos también cuándo a una mujer le han extirpado los ovarios (menopausia quirúrgica) (véase figura 6.1).

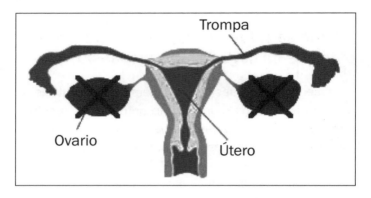

Figura 6.1. *Menopausia quirúrgica*

¿Puedo quedarme embarazada?

Actualmente muchas son las mujeres que retrasan ser madres y la presencia de menopausia precoz tiene un tremendo impacto en la mujer que tiene deseos de quedar embarazada.

La posibilidad de embarazo espontáneo en una mujer con MP existe, pero el porcentaje es tan sólo de un 5-10%, fundamentalmente en mujeres muy jóvenes. Si la mujer tiene el deseo de ser madre puede ser ayudada mediante técnicas de reproducción asistida (RA). Es necesario que la mujer obtenga entonces una información clara sobre sus posibilidades de tener un embarazo. Asimismo, el apoyo psicológico antes de comenzar la planificación reproductiva es importante.

La determinación en sangre de una hormona, llamada antimulleriana o HAM, que nos aporta información sobre la reserva folicular (cantidad y calidad de los ovocitos) es fundamental en el asesoramiento reproductivo que debe darse a este tipo de mujeres.

Hoy por hoy la mejor opción es la fecundación «in vitro» con óvulos de donantes.

Si la mujer no tiene deseos de ser madre, la toma de anticonceptivos combinados (estrógenos y progestáge-nos), especialmente con hormonas naturales, puede ayu-dar no solo a evitar un embarazo no deseado sino tam-bién como tratamiento hormonal para reducir las consecuencias que tiene este problema sobre su salud.

¿Qué consecuencias tienen la menopausia precoz y la menopausia temprana?

La MP y la MT (espontánea o quirúrgica) tienen conse-cuencias negativas sobre la salud física y psíquica y un mayor riesgo de morbilidad (contracción de enfermeda-des) y mortalidad temprana.

Menopausia precoz y menopausia temprana

A la sintomatología menopáusica hay que añadirle el impacto que tienen en la esfera psíquica más problemas de depresión y de disfunciones sexuales, así como un mayor riesgo de atrofia genital, osteoporosis, enfermedades cardiovasculares o neurológicas en las mujeres que sufren estos tipos de menopausia frente a las que tienen una menopausia natural espontánea.

Se trata de mujeres jóvenes en las que la calidad de vida se ve mermada de forma prematura por las consecuencias de un envejecimiento hormonal «anti natura» (véase figura 6.2).

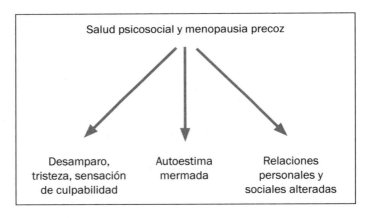

Figura 6.2. *Salud psicosocial y menopausia precoz*

Estas consecuencias serán peores si estas mujeres no siguen un tratamiento hormonal hasta la edad biológica normal de la menopausia. El seguimiento de un tratamiento hormonal reduce el impacto negativo que tiene el cese prematuro de la funcionalidad ovárica.

¿Cómo podemos ayudarlas?

Tenemos que ser conscientes y sensibles del mayor riesgo para su salud que corren estas mujeres. Éste es el primer paso para poder ayudarlas (véanse tablas 6.1 y 6.2).

- Asesoramiento sobre las consecuencias reproductivas, psicosociales y las derivadas del descenso hormonal.

- Asesoramiento de la importancia que tienen ciertas estrategias de estilo de vida sobre los síntomas y el riesgo de atrofia genital, osteoporosis, enfermedad cardiovascular (ejercicio, dieta rica en calcio y vitamina, D).

- Tratamiento hormonal estrógeno/progestágeno o con estrógenos solos (mujeres sin útero) al menos hasta la edad biológica de la menopausia normal, en ausencia de contraindicaciones.

- En mujeres con menopausia quirúrgica se asocia a veces una pequeña cantidad de andrógenos al tratamiento estrogénico.

> - Relación médico/paciente: amigable, sensible
>   Información objetiva pero individualizada.
> - Proporcionar fuentes de información (asociaciones implicadas, etcétera).
> - Derivar para evaluación psicológica

Tabla 6.1. *Manejo de las consecuencias psicosociales de la menopausia precoz y la menopausia temprana*

> - La información «cuidadosa pero real» es fundamental en este grupo de mujeres.
> - El apoyo psicológico puede ser necesario antes de iniciar cualquier planificación reproductiva.
> - Asesoramiento sobre las posibilidades de éxito reproductivas.
>   - Determinación de la HAM (hormona anti-mulleriana).
>   - Técnicas de reproducción asistida (fecundación in vitro, óvulos de donante, criopreservación de tejido ovárico, etcétera)

Tabla 6.2. *Manejo de las consecuencias reproductivas de la menopausia precoz y la menopausia temprana*

Puntos clave

- Cuándo la función ovárica (hormonal y ovulatoria) de una mujer cesa antes de los 40 años hablamos de menopausia precoz.
- La menopausia precoz (MP) tiene implicaciones negativas en la salud física y psíquica de las mujeres que las sufren y mayor riesgo prematuro de enfermedad si no reciben un tratamiento adecuado.
- La mujer fumadora o con historia familiar de menopausia precoz tiene mayor riesgo de presentar una menopausia adelantada.
- La posibilidad de embarazo espontáneo en una mujer con MP existe, pero solo es de un 5-10 %, fundamentalmente en mujeres muy jóvenes. Si la mujer tiene deseos de ser madre puede ser ayudada mediante técnicas de reproducción asistida (RA).
- El tratamiento hormonal reduce el impacto negativo que tiene el cese prematuro de la funcionalidad ovárica.

7. Menopausia y osteoporosis

El descenso de estrógenos es la causa principal de la pérdida rápida de masa ósea durante la transición menopáusica y primeros años postmenopáusicos y condiciona un mayor riesgo de osteoporosis.

La osteoporosis o pérdida de la fortaleza del hueso (reducción de la masa y resistencia ósea) predispone a un mayor riesgo de fractura.

Una buena salud ósea durante la juventud y los años siguientes (el 90 % de la masa ósea se alcanza al finalizar la fase de crecimiento y el pico óseo máximo hacia los 30 años) y su mantenimiento a partir de la menopausia es el mejor tratamiento para reducir el riesgo de fractura osteoporótica.

El descenso de estrógenos durante la menopausia es una de las causas de que la osteoporosis sea más frecuente en la mujer que en el varón (una de cada dos-tres mujeres frente a uno de cada cinco hombres mayores de 50 años sufrirá una fractura osteoporótica).

La identificación temprana de la mujer con factores de riesgo y la evaluación de la masa ósea en los años de transición menopáusica son intervenciones médicas clave para reducir el riesgo de fractura.

La combinación de estrategias de estilo de vida y de los buenos tratamientos disponibles pueden llegar a reducir hasta en un 60 % el riesgo de fractura vertebral y hasta en un 50 % el riesgo de fractura no vertebral.

¿Es muy frecuente la osteoporosis? ¿Qué repercusiones tiene?

Fíjense en las cifras que vienen a continuación y se darán cuenta que la osteoporosis es un problema de salud de gran magnitud, no sólo por su frecuencia sino también por el deterioro importante de la calidad de vida y la alta tasa de mortalidad derivada de las fracturas osteoporóticas. Si a esto le añadimos el gran consumo de recursos sanitarios que conlleva, nos daremos cuenta de la enorme importancia que tiene su control para conseguir reducir la frecuencia de fracturas osteoporóticas.

Se estima que en España la osteoporosis:

- Afecta a 3 millones de personas, pero sólo el 20 % de ellas están diagnosticadas.

- Un 35 % de las mujeres mayores de 50 años tienen osteoporosis y esta cifra aumenta hasta cerca de un 60 % a partir de los 70 años de edad.

La Fundación Nacional de Osteoporosis de Estados Unidos ha documentado que una de cada dos mujeres mayores de 50 años de edad tendrá una fractura osteoporótica durante su vida.

Esta enfermedad tiene un tremendo impacto en la calidad de vida y se asocia a un importante deterioro psicológico (depresión, dependencia, aislamiento, etcétera).

¿Por qué la llaman la enfermedad silente? ¿Cuáles son sus manifestaciones clínicas?

La osteoporosis es en sí misma asintomática. Su manifestación clínicas es la fractura osteoporótica y una vez que una mujer ha sufrido una fractura el riesgo de tener otras es mucho mayor.

Las fracturas osteoporóticas más frecuentes ocurren en la muñeca, la columna vertebral y la cadera. Un dolor intenso en la columna, limitación gradual del movimiento y dificultad para realizar la actividad diaria habitual suelen ser manifestaciones clínicas de una fractura vertebral. Su evolución natural es hacia la progresiva forma de cuña de las vértebras y la pérdida de estatura. En los casos muy severos la columna se va curvando y aparece una joroba en la área dorsal (véase figura 7.1).

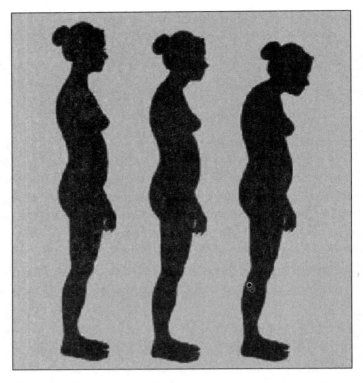

Figura 7.1. *Tomado de la IOF (Fundación Internacional de la Osteo-porosis)*

La clínica de una fractura es la propia fractura en ausencia de un trauma franco: «No me caí y me fracturé sino que primero me fracturé y luego me caí». Consideramos fractura osteoporótica aquella que se produce cuando la afectada cae desde su posición normal.

Las fracturas requieren casi siempre intervención quirúrgica, y la pérdida de independencia y la necesidad de cuidados adicionales por tiempo prolongado es la regla. La tasa de mortalidad durante el primer año siguiente a la fractura es muy alta.

¿Cómo sé que soy una mujer de riesgo de osteoporosis o que tengo osteoporosis?

La cumplimentación de un sencillo cuestionario nos dará la respuesta. Haz la prueba, contesta a las preguntas, no tardarás más de un minuto, y sabrás si tienes un riesgo elevado de sufrir osteoporosis (véase tabla 7.1).

Si hay dos o más respuestas afirmativas eres una mujer con mayor riesgo de sufrir osteoporosis, pero esto no significa que forzosamente vayas a padecerla. Necesitamos más información y, por ello, es importante que acudas a tu médico.

La información que necesitamos nos la aportara un aparato llamado densitómetro que mide la densidad mineral ósea.

1. ¿Alguno de sus padres fue diagnosticado con osteoporosis o se fracturó la cadera después de un golpe o caída leve? ☐ Si ☐ No	**4.** ¿Ha perdido más de 3 cm de estatura? ☐ Si ☐ No	**Para mujeres** **8.** ¿Tuvo su última menstruación (menopausia) antes de los 45 años? ☐ Si ☐ No
2. ¿Se ha roto algún hueso después de un golpe o caída leve? ☐ Si ☐ No	**5.** ¿Excede los límites en el consumo de alcohol? ☐ Si ☐ No	**9.** ¿Sus períodos menstruales cesaron durante 12 meses o más (que no sea por embarazo o menopausia)? ☐ Si ☐ No
3. ¿Ha tomado corticoides (por ejemplo: cortisona, prednisona, etc.) durante más de 3 meses? ☐ Si ☐ No	**6.** ¿Fuma más de 20 cigarrillos por día? ☐ Si ☐ No **7.** ¿Sufre frecuentemente de diarrea (causada por enfermedad celíaca o enfermedad de Crohn)? ☐ Si ☐ No	**Para hombres** **10.** ¿Ha sufrido alguna vez de impotencia, falta de libido o algún otro síntoma relacionado con bajos niveles de testosterona? ☐ Si ☐ No

Tabla 7.1. *Cuestionario de los Factores de Riesgo a cumplimentar en un minuto (Tomado de la IOF- Fundación Internacional de la Osteoporosis)*

¿Que es una densitometría ósea?

La densitometría ósea es un procedimiento sencillo, no invasivo y de mínima radiación que obtiene información sobre la densidad mineral ósea en columna vertebral y cadera.

La densidad mineral ósea normal que tiene una mujer joven de unos 25 años de edad es el patrón de referencia para el diagnóstico de osteopenia (baja masa ósea) y de osteoporosis (muy baja masa ósea). Según los criterios de la Organización Mundial de la Salud una mujer tiene osteoporosis cuando su densidad mineral ósea está más de 2,5 veces por debajo del patrón de referencia y una mujer tiene osteopenia cuándo su densidad mineral ósea está entre 1 y 2,5 veces por debajo del patrón de referencia de la mujer joven (véase figura 7.2).

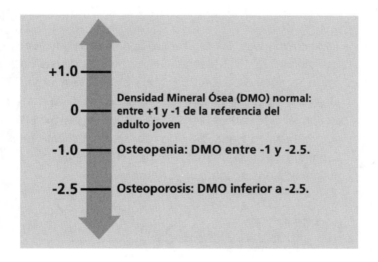

Figura 7.2. *Valores de referencia de la osteoporosis (Tomado de la IOF).*

Las mujeres con osteopenia u osteoporosis tienen un riesgo alto de fractura futura y para reducirlo debemos retrasar o frenar la pérdida de masa ósea.

¿Qué puedo hacer?

Medidas de estilo de vida.

- *Haz ejercicio*: la práctica de ejercicio moderado pero constante tiene un efecto beneficioso en la masa ósea, tonifica los músculos, mejora la flexibilidad, la coordinación y el equilibrio, y reduce el riesgo de caídas (anda o trota, baila, haz ejercicios con pesas, etcétera).

- *Toma calcio y vitamina D*: esenciales para la salud ósea. Las tablas 7.2 y 7.3 reseñan las cantidades diarias de calcio recomendadas así como los alimentos que son más ricos en calcio. En muchas ocasiones es difícil cumplir los requerimientos diarios: los niveles de vitamina D son demasiado bajos (situación bastante frecuente en España a pesar de ser un país de sol) y tenemos que prescribir preparados de calcio y vitamina D.

Mujeres:	
19 años–menopausia	1000
Posmenopausia	1300
Durante el embarazo (último trimestre)	1200
Lactancia	1000
Hombres:	
19-65 años	1000
Más de 65 años	1300

Tabla 7.2. *Cantidades diarias de calcio (milígramos/día) recomendadas. Cifras basadas en datos de Europa Occidental, América y Canadá. Fuente: FAO/WHO: Requisitos de minerales (Tomado de la IOF).*

Niveles aproximados de calcio en los alimentos		
Comida	**Tamaño de la porción**	**Calcio (mg)**
Leche semi descremada	236 ml	272
Yogur (bajo en grasas, natural)	150 g	243
Queso duro	28 g	205
Queso cottage	112 g	142
Queso mozzarella	28 g	101
Helado, lácteo, vainilla	112 g	112
Brócoli cocido	112 g	45
Repollo de hojas rizadas cocido	112 g	168
Sardinas grandes enlatadas en aceite	100 g / 4 sardinas	500
Sardinas grandes enlatadas en salsa de tomate	110 g / 2 sardinas grandes	275
Almendras	26 g / 12 almendras	62
Queso de soja al vapor	100 gr	510

Referencia: Agencia de Estándares Alimenticios (2002). La Composición de los Alimentos de McCance y Widdowson, sexta edición resumen. Cambridge: Sociedad Real de Química.

Tabla 7.3. *Contenido de calcio en los alimentos (Tomado de la IOF)*

¿Cómo me pueden ayudar si tengo un alto riesgo de fractura?

¡Ojalá bastara con las recomendaciones dietéticas y de ejercicio o con los suplementos de calcio y vitamina D! Sin embargo, en la mayoría de las ocasiones debemos recurrir a fármacos eficaces que ayudan a mantener la densidad mineral ósea y que han demostrado que reducen el riesgo de fractura. El tratamiento farmacológico debe individualizarse en función:

- Del perfil del fármaco.

- De la historia médica de la mujer.

- De su estilo de vida.

- De su preferencia si tiene varias opciones terapéuticas eficaces.

Terapia hormonal con estrógenos y progestágenos o con estrógenos solos (mujeres sin útero)

La terapia hormonal es el tratamiento de elección en la prevención y tratamiento de la osteoporosis en la transición menopáusica o en la postmenopausia temprana en mujeres con síntomas vasomotores. El tratamiento hormonal aumenta la masa ósea y ha demostrado reducción del riesgo de fracturas vertebrales.

También es una opción durante estos años en mujeres sin síntomas que no toleran o no pueden tomar otros medicamentos.

Bifosfonatos (alendronato, risedronato, ibandronato, ácido zoledrónico)

Los bifosfonatos son uno de los tratamientos de primera línea de la osteoporosis postmenopáusica. Frenan la pérdida de masa ósea y han demostrado su eficacia contra la fractura vertebral y de cadera.

Ranelato de Estroncio

Otro de los fármacos primera línea para el tratamiento de la osteoporosis. Su acción es dual (frena la pérdida de masa ósea y estimula la formación ósea) y también ha demostrado su eficacia contra la factura vertebral y de cadera.

SERMs (moduladores selectivos de los receptores estrogénicos (raloxifeno, bazedoxifeno)

El raloxifeno es un fármaco que tiene dos indicaciones en Estados Unidos: prevención y tratamiento de la osteoporosis y prevención del cáncer de mama en mujeres de alto riesgo. En Europa sólo está indicado en la prevención y tratamiento de la osteoporosis postmenopáusica. Ha demostrado su eficacia contra la fractura de la columna vertebral.

El bazedoxifeno está indicado en el tratamiento de la osteoporosis postmenopáusica y reduce el riesgo de fracturas vertebrales. Ha demostrado gran seguridad a nivel uterino y mamario.

Denosumab

Es un anticuerpo monoclonal humano que inhibe la reabsorción ósea y ha demostrado efecto contra la factura vertebral, de muñeca y de cadera. Está indicado para la osteoporosis postmenopáusica y para aumentar la masa ósea en mujeres con cáncer de mama y alto riesgo de fractura que reciben tratamiento con inhibidores de la aromatasa.

PTH humana recombinante (Teriparatida)

Es un fármaco que estimula la formación ósea y ha demostrado también su acción contra la fractura vertebral y no vertebral. Está indicado en mujeres postmeno-páusicas con osteoporosis y un riesgo muy alto de fractura. Se administra una inyección subcutánea diaria y la duración del tratamiento no deberá exceder de los 2 años.

¿Qué es el tratamiento secuencial?

No podemos de olvidar que la osteoporosis es una enfermedad crónica, es decir, cuándo una mujer es diagnosticada de osteoporosis debe cuidarse y vigilarse el resto de su vida. Por eso, hablamos de que el tratamiento de la osteoporosis es secuencial: empezaremos por el tratamiento más adecuado en el momento que diagnosticamos la osteoporosis y a los pocos años deberemos cambiar a otro más apropiado para dicha fase.

Dicho de otra manera, las características de la paciente (estado de salud de la mujer, perfil de riesgo, etcétera) serán decisivas para elegir el tratamiento inicial. La evolución de la enfermedad y el estado de salud de la mujer junto al perfil de eficacia y seguridad de los fármacos disponibles marcarán la decisión de cambio hacía un tratamiento u otro.

Puntos clave

- La osteoporosis o pérdida de la fortaleza del hueso (reducción de la masa y resistencia ósea) predispone a un mayor riesgo de fractura.
- El descenso de estrógenos es la causa principal de la pérdida rápida de masa ósea durante la transición menopáusica y primeros años postmenopáusicos y condiciona un mayor riesgo de osteoporosis.
- La identificación temprana de la mujer con factores de riesgo y la evaluación de la masa ósea en los años de transición menopáusica (densitometría ósea) son intervenciones claves para reducir el riesgo de fractura.
- La combinación de estrategias de estilo de vida (ingesta adecuada de calcio y vitamina D, ejercicio regular, etcétera) y los buenos tratamientos disponibles pueden llegar a reducir hasta en un 60 % el riesgo de fractura vertebral y hasta en un 50 % el riesgo de fractura no vertebral.
- Una mujer afectada de osteoporosis debe cuidarse y vigilarse el resto de su vida. Por eso hablamos de que el tratamiento de la osteoporosis es secuencial: empezaremos por el tratamiento más adecuado en el momento que diagnosticamos la osteoporosis y a los pocos años deberemos cambiar a otro más apropiado para dicha fase.

8. Menopausia y cáncer

La menopausia no constituye por sí misma un factor de riesgo oncológico pero si es cierto que el riesgo de cáncer aumenta durante la etapa postmenopáusica. Cada año, miles de mujeres son diagnosticadas de cáncer. El cáncer de mama, el colorrectal y el de pulmón son los procesos oncológicos más frecuentes en la mujer española.

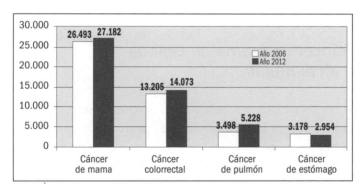

Figura 8.1. *Incidencia de los cánceres más frecuentes en mujeres.* Datos de España para 2006 y 2012

Como vemos en la figura 8.1, se ha producido un aumento en el número de nuevos casos diagnosticados de los 3 cánceres más frecuentes. Es muy llamativo el incremento de nuevos casos de cáncer de pulmón en la mujer (relacionado con el aumento del hábito tabáquico en la población femenina).

Afortunadamente, y en paralelo a este aumento, los datos también nos dicen que la supervivencia a estos cánceres es cada vez es mayor, excepto en el caso de cáncer de pulmón, gracias a que los diagnósticos se realizan en etapas cada vez más tempranas y a los avances producidos en los tratamientos del cáncer.

El seguimiento de estilos de vida saludable y el cumplimiento periódico de los métodos diagnósticos recomendados durante estos años son las claves para hacer frente al cáncer.

Cáncer de mama en España y en el mundo

A continuación, nos referiremos exclusivamente al cáncer de mama por ser el más frecuente, pero no por ello debemos de olvidar el aumento preocupante de casos de cáncer de colon y recto así como de pulmón.

El cáncer de mama es el cáncer que más se diagnostica en la población femenina española (20-30 % de todos los cánceres en la mujer) y la primera causa de muerte por cáncer en la mujer entre los 35-55 años de edad. No obstante, son muchas más las mujeres que mueren por ictus cerebral o infarto cardiaco que por cáncer de mama.

A partir de los 50 años de edad, aumenta notablemente la incidencia de casos diagnosticados de cáncer de mama. Por otra parte, 1 de cada 3 cánceres de mama se detecta antes de los 50 años de edad.

Las estadísticas nos dicen que si todas las mujeres vivieran más de 70 años, 1 de cada 8 mujeres tendrían un cáncer de mama a lo largo de su vida en países de alta incidencia como Estados Unidos o 1 de cada 10 en países de incidencia más baja, como España (véase tabla 8.1).

Años de edad	Mujeres afectadas de cáncer de mama
20-29	1 de cada 2000
30-39	1 de cada 229
40-49	1 de cada 68
50-59	1 de cada 37
60-69	1 de cada 26
A lo largo de la vida	1 de cada 8-10

Tabla 8.1. *Estimaciones de la incidencia del cáncer de mama por intervalo de edad.*

Es obvio que el mejor tratamiento de un problema de salud, en este caso del cáncer de mama, es evitar que aparezca. Es lo que llamamos prevención primaria. Para ello, tenemos que conocer los factores de riesgo que causan o favorecen su aparición. Una vez que se conocen, tenemos que ver si podemos controlarlos para reducir el cáncer de mama.

El problema que nos encontramos es que los principales factores de riesgo de cáncer de mama, o no son modificables (ser mujer, edad) o son difícilmente modificables (cáncer hereditario o genético, historia familiar directa de cáncer de mama temprano, etcétera).

No obstante, los esfuerzos investigadores que se están realizando en este campo se van implementando en la práctica poco a poco. La quimioprevención (fármacos que reducen el riesgo de cáncer en mujeres de alto riesgo de padecer cáncer) es una realidad y el diagnóstico genético preimplantacional suponen un futuro esperanzador para los casos de cáncer hereditario (técnica que se utiliza en la fecundación «in vitro» que detecta embriones libres del gen o de los genes relacionados con la enfermedad o no afectados genéticamente para poder ser implantados y evitar la herencia genética no deseada).

Sin embargo, si podemos actuar en el campo de la prevención primaria sobre factores nutricionales o de estilo de vida que comportan un mayor riesgo de cáncer (alimentación, tabaquismo, alcohol, obesidad o sedentarismo).

Actualmente, la mejor estrategia preventiva es detectarlo cuanto antes (prevención secundaria) y la mamografía es la herramienta clave de la detección temprana.

Cada año hay más nuevos casos de cáncer de mama en el mundo. La mayor incidencia se registra en los países con estilos de vida occidental (expectativa de vida más alta, hábitat y alimentación, hábitos tóxicos de estilo de vida, etcétera).

Afortunadamente, la supervivencia global ha aumentado debido a que los nuevos casos de cáncer de mama se diagnostican y se tratan cada vez más tempranamente (cribado poblacional mamográfico) y los tratamientos son más eficaces. Las tasas de supervivencia a los 5 años superan con creces el 90 % en los cánceres diagnosticados en estadios iniciales.

A pesar que en los países en vías de desarrollo la incidencia del cáncer de mama es bastante menor se está observando un aumento progresivo y una alta mortalidad debido en parte a que la mayoría de los casos se diagnostican en fases avanzadas (véase figura 8.2).

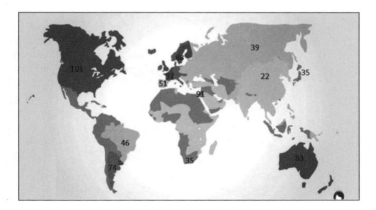

Figura 8.2. *Nuevos casos diagnosticados de cáncer de mama por 100.000 mujeres en 2011*

Anatomía de las glándulas mamarias

Las mamas son estructuras glandulares cuya finalidad biológica es la producción de leche. Cada glándula mamaria contiene de 15 a 20 lóbulos dispuestos radialmente como los radios de una bicicleta y separados unos de otros por tejido adiposo (grasa) y fibroso (colágeno y elastina).

Cada uno de estos lóbulos se bifurcan en una serie de lobulillos que terminan en pequeños bulbos (acinos) productores de leche que están conectados entre sí por una red de conductos (ductos) que llevan la leche desde los acinos glandulares hasta el pezón (véase figura 8.3).

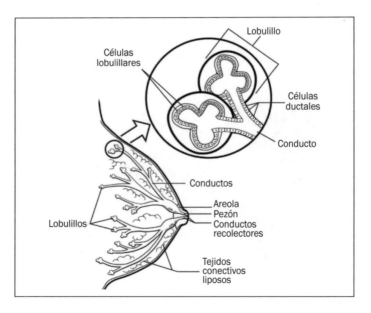

Figura 8.3. *Anatomía de la glándula mamaria*

El resto de la mama está constituido por estructuras vasculares, nerviosas y linfáticas. Especial énfasis hacemos en el sistema linfático mamario (conductos que eliminan los productos de deshecho hacía la circulación venosa) que drena principalmente hacia los ganglios axilares, vía principal de propagación de las células cancerosas.

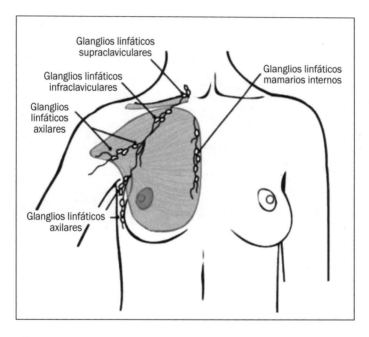

Figura 8.4. *Sistema linfático mamario*

Tipos de cáncer de mama

La mayoría de los cánceres de mama son ductales. Se originan en las células que recubren los conductos o ductos y suelen ser esporádicos (sin base genética o familiar) (véase figura 8.5).

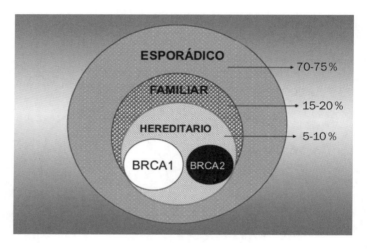

Figura 8.5. *Tipos de cáncer de mama*

Conozcamos los factores de riesgo

Un factor de riesgo oncológico es la presencia de una circunstancia en una persona que aumenta la probabilidad de que desarrolle un cáncer frente a aquella que no la tiene. Esto no significa que lo vaya a desarrollar sino que tiene mayor riesgo de hacerlo. Sin embargo, muchas de las mujeres diagnosticadas de cáncer de mama no tienen un factor de riesgo evidente de cáncer de mama, solo ser mujer y la edad.

Es importante que la mujer conozca los factores y el riesgo que implica la presencia de cada uno de ellos, para reforzar de ese modo las medidas de estilo de vida y cumplir las recomendaciones periódicas del cuidado de la mama (examen mamario, mamografía, ecografía mamaria).

Describimos a continuación los principales factores de riesgo:

- Edad: el riesgo de cáncer aumenta con la edad.

- Antecedentes familiares: tener uno o más familiares directos que hayan padecido un cáncer de mama (madre, hermana o hija), especialmente antes de los 50 años de edad (15-20 % de los cánceres de mama).

- Herencia: ser portadora de unos genes específicos llamados BRCA1 y BRCA2 (5%-10% de los cánceres de mama).

- Haber sido diagnosticada de hiperplasia ductal atípica a través de una biopsia mamaria (lesión no cancerosa pero sí de riesgo).

- Factores reproductivos: haber tenido la primera regla antes de los 11 años de edad (menarquía temprana) o la última regla después de los 55 años de edad (menopausia tardía). No haber tenido hijos o tener el primer hijo a edades tardías (a partir de los 30-35 años).

- Mujeres que han recibido terapia hormonal: estrógenos y/o progestágenos durante más de 5 años a partir de la edad natural de la menopausia. Las mujeres que no tienen útero y utilizan tratamiento con estrógenos solos no tienen un riesgo aumentado de sufrir cáncer de mama.

- Mujeres que tienen las mamas muy densas (mucho tejido mamario y poca grasa).

- Sobrepeso y obesidad después de la menopausia.

- Dieta rica en grasas, el tabaco y el alcohol.

Una de las preguntas más frecuentas en la consulta médica es si la mastopatía fibroquística es un factor de riesgo de cáncer de mama. La respuesta es que se trata de un proceso benigno que se caracteriza básicamente por un aumento del tejido fibroso de la mama y por la aparición de quistes debidos a desajustes hormonales. Su presencia no aumenta el riesgo de cáncer de mama.

La tabla 8.2 muestra el grado de riesgo de los diferentes factores relacionados o asociados al cáncer de mama y no observamos que la mastopatía fibroquística se encuentre entre ellos. Solo la hiperplasia ductal atípica (hallazgo por biopsia) que ya se ha citado constituye un factor de riesgo.

Riesgo relativo hasta 2 veces más alto que el de una mujer sin dichos factores de riesgo	Riesgo relativo entre 2 y 4 veces más alto que el de una mujer sin dichos factores de riesgo	Riesgo relativo más de 4 veces más alto que el de una mujer sin dichos factores de riesgo
• Menarquía temprana. • Ausencia de hijos. • Primer parto con más de 35 años. • Terapia hormonal sustitutiva. • Obesidad. • Alcohol. • Lesiones proliferativas benignas.	• Un familiar de primer grado con cáncer de mama. • Exposición a radiación. • Cáncer de mama previo. • Mamas densas	• Dos familiares de primer grado con cáncer de mama. • Mutaciones genéticas. • Carcinoma lobular in situ. • Carcinoma ductal in situ. • Hiperplasia ductal atípica (HDA)

Tabla 8.2. *Magnitud de los factores de riesgo*

Debemos tener en cuenta la coexistencia de 2 o más factores del riesgo, por ejemplo, una mujer obesa que ha recibido terapia hormonal (estrógenos y/o progestágenos) y que nunca ha parido tiene un riesgo un poco más alto que otra que también ha recibido terapia hormonal y tampoco ha tenido hijos, pero no es obesa.

María: Su madre y su hermana han tenido un cáncer de mama. Tiene 45 años de edad y una densidad mamaria normal para su edad.

Rocío: Le han dicho que sus mamas son demasiado densas para su edad. (mucho tejido glandular). Tiene 53 años.

Luz: Tiene 47 años y está bajo terapia hormonal con estrógenos desde hace unos meses a causa de sus síntomas menopáusicos. Hace un año sufrió una menopausia quirúrgica (no tiene útero ni los dos ovarios).

¿Es igual el riesgo de cáncer de mama para Rocío, María o Luz? No. Vamos a fijarnos en la Tabla 8.2.

María: Dos familiares de primer grado con cáncer de mama es un factor de riesgo importante y significa que tiene una probabilidad de sufrir cáncer de mama más de cuatro veces más alta que la de una mujer de su misma edad sin dicho factor de riesgo.

Rocío:–Tiene un riesgo moderado de sufrir cáncer de mama (una probabilidad entre 2 y 4 veces más alta). Las mamas muy densas dificultan el diagnóstico precoz por mamografía.

Luz: Tiene un riesgo normal, similar al de cualquier mujer de su misma edad. Recibe terapia hormonal por sus síntomas menopáusicos desde hace pocos meses. Utiliza sólo estrógenos (no tiene útero y no hay necesidad de asociar progesterona). Este tipo de tratamiento hormonal (sólo a base de estrógenos, ya que no tiene útero y, por tanto, no hay necesidad de asociar progesterona) no supone un factor de riesgo de cáncer de mama.

La importancia de la detección precoz

Cuando se suele detectar un cáncer de mama han transcurrido ya varios años desde su inicio. Una detección temprana significa:

- Menor potencial de agresividad.

- Tratamientos menos agresivos (cirugía conservadora, menor posibilidad de recurrir a la quimioterapia o menos agresiva si ésta fuera necesaria).

- Mejor calidad de vida y mayores posibilidades de curación.

Describimos a continuación otra serie de herramientas para la detección precoz.

- *Auto examen mamario*: es recomendable, pero no sustituye a la exploración mamaria periódica efectuada por su médico.

- *Exploración física mamaria anual realizada por un profesional sanitario*: es imprescindible para la detección precoz del cáncer de mama junto a la realización periódica de la mamografía. Hay tumores de mama que no son detectados por la mamografía y si lo son en la exploración médica de las mamas.

- *Mamografía lateral de cribado:* es la prueba fundamental para el diagnóstico precoz del cáncer de mama debido a que detecta tumores en estadios iniciales que no se palpan en la exploración física.

Su generalización es una de las razones principales que explican el aumento de la supervivencia de las mujeres diagnosticadas (tiempo libre de enfermedad) que se viene observando desde hace unos años.

- *Ecografía mamaria*: considerada como prueba complementaria de la mamografía pero también muy importante para el diagnóstico precoz del cáncer de mama. Es una prueba clave en mujeres menores de 35 años o en aquellas con mamas muy densas o con implantes mamarios, así como en casos que se necesite hacer una biopsia de un nódulo o masa que pueda visualizarse por esta técnica.

- *Resonancia magnética mamaria*: prueba muy útil a la que debemos recurrir en ocasiones cuándo la sensibilidad de la mamografía disminuye (en las mamas muy densas hay más falsos negativos) y la exploración física médica o la ecografía mamaria nos plantean dudas. Sus indicaciones principales son en mujeres con mamas muy densas, con implantes mamarios, con cicatrices postquirúrgicas o que han sido irradiadas.

- *Biopsia mamaria*: extracción de células mamarias (punción con aspiración a través de aguja fina) o de una pequeña cantidad de tejido mamario mediante una aguja más gruesa en áreas de sospecha (nódulos, microcalcificaciones, etcétera) para su estudio histológico.

Tipo de riesgo	Edad	Pruebas a realizar
«Normal»	20 a 39 años	• Examen clínico mamario cada 1-3 años. • Ecografía mamaria cada 1-3 años
	Más de 40 años	• Examen clínico anual. • Ecografía anual. • Mamografía cada 1-2 años
Alto (historia familiar, predisposición genética, hiperplasia ductal atípica)	Menos de 25 años	• Examen clínico mamario anual. • Autoexploración mamaria
	Más de 25 años	• Examen clínico cada 6-12 meses. • Mamografía anual (partir de los 25 años o 10 años antes del caso familiar más precoz si hay historia familiar o predisposición genética

Tabla 8.3. *Recomendaciones claves para la detección precoz del cáncer de mama*

Nuestros mejores consejos

• No tengas miedo al cáncer de mama, detectarlo a tiempo es un salvoconducto para tu vida.

• Conoce los factores de riesgo y la importancia de cada uno de ellos.

• Evita o minimiza los factores de riesgo donde tú puedes intervenir (obesidad, tabaco, sedentarismo, etcétera).

- La mastopatía fibroquística es un proceso benigno y no aumenta el riesgo de cáncer de mama.

- Si percibes algún cambio en tus mamas no dudes en acudir a tu médico.

- Llegar a la menopausia no significa dejar de acudir a tus controles ginecológicos periódicos. Ser mujer y la edad son importantes factores de riesgo del cáncer de mama.

- Hazte una mamografía anual.

- Si eres una mujer que tiene un alto riesgo de sufrir cáncer de mama, asesórate sobre la periodicidad de tus controles y sobre la necesidad de realizar pruebas adicionales (ecografía mamaria, resonancia magnética mamaria, test genético, etcétera).

- Si no tienes útero y recibes tratamiento hormonal solo con estrógenos, tu riesgo es similar al que tiene una mujer de tus características que no recibe este tipo de tratamiento.

Puntos clave

- La menopausia no constituye por sí misma un factor de riesgo oncológico, pero si es cierto que el riesgo de cáncer aumenta durante la etapa postmenopáusica.

- El cáncer de mama es el más frecuente entre las mujeres, pero no debemos olvidar el aumento preocupante de los casos de cáncer de colon y recto así como de cáncer de pulmón.

- La mayoría de los cánceres de mama son ductales, es decir, se originan en las células que recubren los conductos o ductos y suelen ser esporádicos (sin base genética o familiar).

- La mamografía bilateral de cribado (realización de controles periódicos con mamografía) es la herramienta clave para el diagnóstico precoz del cáncer de mama y una de las razones principales que explican el aumento de la supervivencia de las mujeres diagnosticadas de cáncer de mama (tiempo libre de enfermedad) que se viene observando desde hace unos años.

- El seguimiento de estilos de vida saludable y el cumplimiento periódico de los métodos diagnósticos recomendados durante estos años son claves para hacer frente al cáncer.

9. Tratamiento hormonal durante la menopausia: nuevos conocimientos

La utilización del tratamiento hormonal durante la menopausia siempre ha sido un tema muy polémico, en línea con lo que ocurrió con los contraceptivos hormonales durante muchos años.

El famoso estudio WHI (Women'sHealthInitiative) es el que mayor información ha aportado hasta la fecha sobre el tratamiento hormonal en la menopausia. Miles de mujeres fueron enroladas en dicho estudio durante varios años y distribuidas en 3 grupos de tratamiento, dos con tratamiento hormonal (estrógenos + progesterona y estrógenos solos) y el tercero sirvió como grupo control o placebo.

La publicación de los primeros resultados del estudio en el año 2002 trastocó la información de la que se disponía hasta entonces, derivada de estudios epidemiológicos: el uso de terapia hormonal sustitutiva no reducía los eventos negativos cardiovasculares, que era lo observado hasta entonces, sino que los podía aumentar. Además, se observó un aumento del riesgo de problemas cerebrovasculares y del riesgo de cáncer de mama. Estos hechos provocaron la interrupción de este estudio y la alarma médica y social frente al uso de hormonas en la postmenopausia.

Diez años han transcurridos desde la publicación de estos resultados. A lo largo de ellos hemos tenido la suerte de aprender mucho sobre el tratamiento hormonal gracias al seguimiento que se está realizando de la salud de la mayoría de las mujeres participantes en el estudio desde su interrupción.

¿Es importante la individualización del tratamiento? ¿Son los beneficios y los riesgos iguales para todos los tipos de tratamiento hormonal? ¿Varían según la vía de administración? ¿Importa la edad de inicio del tratamiento? ¿Difieren los beneficios y riesgos si la mujer tiene menopausia precoz o temprana o si tiene o no tiene síntomas menopáusicos? ¿Tiene sentido que una mujer de más de 60 años de edad tome hormonas?

Vamos a tratar de responder a todas estas preguntas con la información científica que tenemos en la actualidad.

¿Qué hormonas se utilizan? ¿Cómo se administran?

La terapia hormonal consiste en la administración de estrógenos y progesterona (TEP), las dos hormonas sexuales femeninas por excelencia, o de estrógenos solos (TE).

Los estrógenos equinos (de yegua) y los estrógenos naturales (estradiol, estrona y estriol) son los componentes estrogénicos de la terapia hormonal. En Estados Unidos se utilizan más los estrógenos equinos mientras que en Europa se recurre con preferencia a los estrógenos naturales.

En combinación con los estrógenos pueden emplearse los progestágenos artificiales y, actualmente, la progesterona natural y sus derivados.

> **Inés, Paloma y Elisa** coinciden en la misma consulta. Son de edades similares, unos 50 años, y charlan entre ellas. El tema de las hormonas surge en su conversación. Las 3 tienen síntomas menopáusicos pero solo dos, Inés y Paloma, utilizan terapia hormonal para este problema. A Inés le quitaron el útero y los ovarios hace un año y sólo recibe estrógenos, en cambio Paloma se administra estrógenos y progesterona.

¿Por qué necesita Paloma estrógenos y progestágenos y no sólo estrógenos, si el tratamiento más efectivo para los síntomas son los estrógenos? La respuesta es sencilla: necesitamos asociar progesterona o un progestágeno a los estrógenos para contrarrestar el posible efecto indeseable de los estrógenos, es decir, para proteger el endometrio (capa interna del útero) de lesiones precancerosas y, consecuentemente, para disminuir el riesgo de cáncer de útero. En cambio, Inés, al no tener útero solo necesita estrógenos para controlar sus síntomas.

La terapia hormonal puede ser utilizada por diferentes vías (oral, a través de la piel, local o vaginal). Sabemos que Inés se administra los estrógenos a través de la piel mediante un gel. También se pueden administrar por esta vía en forma de crema, parches o sprays.

En cambio, Paloma prefiere utilizar la vía oral para su tratamiento hormonal por considerarla más cómoda para ella. Es lógico lo que dice, ya que si utilizara los estrógenos a través de piel (vía cutánea) tendría que tomar aparte la progesterona (comprimidos orales o vaginales). Su doctora le dio las dos opciones y ella eligió la comodidad de tomar ambos componentes en una sola pastilla.

La terapia hormonal sistémica con estrógenos puede ser por vía oral y cutánea (gel, parches, implantes). Siempre hay que asociar un progestágeno en mujeres con útero. Los progestágenos pueden darse por vía oral o vía vaginal y su acción es sistémica, es decir pasan a la sangre.

Otra cosa es *la terapia local o intravaginal focalizada con estrógenos solos* como tratamiento para la atrofia vaginal y los síntomas genitales o urinarios derivados de ella (sequedad, molestias en las relaciones sexuales, signos de incontinencia), pero no para los síntomas menopáusicos (sofocos). Dichos estrógenos (estradiol, estriol) se aplican por vía vaginal (óvulos, comprimidos vaginales, crema vaginal, anillos). Su acción se focaliza exclusivamente en el área genital (no pasan a la sangre). Las dosis empleadas son muy pequeñas y no es necesario añadir progesterona para protección del útero.

> **Inés** podía tomar los estrógenos por vía oral pero ella y su médico decidieron que era mejor la vía cutánea ¿Por qué?

Todas las vías de administración son útiles. La elección de una vía u otra dependerá de la historia personal de la paciente y de su predilección o comodidad percibida tras hablar con su médico de las ventajas e inconvenientes de cada una de ellas.

En el caso de Inés su médico se decidió por la vía cutánea, puesto que tiene historia de cólicos biliares y los estrógenos orales pueden aumentar el riesgo de sufrirlos. La vía oral se debe evitar también en mujeres que tienen tendencia a tener los triglicéridos altos porqué los estrógenos orales pueden aumentar los niveles de esta grasa de la sangre.

¿Cuándo empezar? ¿A qué dosis? ¿Durante cuánto tiempo?

Para responder estas 3 preguntas de una manera sencilla hay que tener claro que los beneficios que va a obtener la mujer sintomática con la terapia hormonal—mejorar su calidad de vida actual y futura— superan con creces los potenciales efectos secundarios o riesgos añadidos de su utilización.

Para conseguir esto tenemos que tener en cuenta varios conceptos:

- Objetivo del tratamiento hormonal: control de los síntomas menopáusicos.

- Síntomas: frecuencia y severidad, que son muy variables de unas mujeres a otras.

- Inicio del tratamiento hormonal: aparición de los síntomas menopáusicos (transición menopáusica y postmenopausia temprana).

- Dosis necesaria: la mínima dosis efectiva que cumpla el objetivo del tratamiento.

- Duración del tratamiento: muy variable de unas mujeres a otras, pero no debe ser por tiempo prolongado, debido a la desaparición espontánea de los síntomas en la mayoría de las mujeres durante los primeros años postmenopáusicos (véase capítulo 3, «Síntomas menopáusicos»).

- Deseo de la paciente de seguir la terapia hormonal.
- Ausencia de contraindicaciones a su uso.

Si tenemos claros estos conceptos nos daremos cuenta de que no hay reglas fijas y que el tratamiento hormonal tiene que ser muy individualizado.

En la actualidad, sabemos que dosis más bajas que las consideradas estándar hace años son suficientes para controlar los síntomas, prevenir la pérdida de masa ósea y ocasionar menos efectos secundarios.

> La dosis diaria de estrógenos que se aplica **Inés** en su piel es algo más alta que la de **Paloma**. A los pocos días de su operación empezó con sofocos, sudores, problemas de sueño, síntomas cada vez más frecuentes y más severos...

Inés no ha tenido un periodo de transición menopáusica y el descenso estrogénico fue muy brusco como consecuencia de su cirugía. Las mujeres que como Inés han sufrido una menopausia quirúrgica suelen ser más sintomáticas que aquellas que han llegado a su menopausia de forma natural. Ésta es la razón de que las dosis de estrógenos que reciba sean algo más altas que las de Paloma.

Como sabemos que con el tiempo los síntomas van remitiendo, Inés y Paloma necesitaran dosis cada vez más bajas para controlar sus síntomas. Esto es lo que hacemos en la práctica diaria: prescribimos la mínima dosis eficaz y a lo largo del tiempo la adaptamos a la baja según van cediendo los síntomas hasta que finalmente retiramos el tratamiento por ausencia de síntomas. El tiempo de tratamiento medio suele oscilar entre 1 año y no más de 3 o 4 años.

También podemos encontrar mujeres, por ejemplo Inés, que quiera seguir más tiempo el tratamiento después de haber sido informada de los pros y contras de la terapia a largo plazo. ¿Razones?: no debe temer al cáncer de mama y se encuentra estupendamente.

Muchas otras mujeres sintomáticas prefieren intentar o utilizar otras alternativas que no sean hormonales para controlar sus síntomas.

¿Qué mujeres pueden beneficiarse de la terapia hormonal?

Mujeres con menopausia precoz o temprana

Estas mujeres deben ser asesoradas sobre la importancia de una estrogenización adecuada de los diferentes tejidos y sistemas orgánicos en la salud de la mujer hasta la edad de la menopausia espontánea natural.

Estas mujeres tienen un perfil de salud más desfavorable que las mujeres que alcanzan su menopausia alrededor de la edad biológica normal (véase capítulo 6 «Menopausia precoz y menopausia temprana») y, por tanto, debe aconsejarse el aporte de estrógenos mediante tratamiento hormonal (TEP o TE) o a través de contraceptivos hormonales combinados para retrasar o reducir las consecuencias adversas del descenso prematuro de estrógenos.

Mujeres con síntomas menopáusicos

Es el caso de Inés, Paloma y Elisa. El tratamiento hormonal (TEP o TE) administrado por vía sistémica (oral o cutánea.) es el tratamiento más efectivo y de elección para los síntomas vasomotores y las consecuencias directamente relacionadas con el descenso estrogénico o relacionadas de alguna manera con el cambio hormonal (trastornos del sueño, mayor labilidad emocional o cambios de humor frecuente, irritabilidad, dificultad de concentración, etcétera).

Si existen contraindicaciones a su uso, los síntomas son leves o, simplemente, la mujer no desea seguir un tratamiento hormonal existen otras alternativas que podrían ayudar a mejorar los síntomas.

Mujeres con síntomas vaginales o con problemas sexuales derivados de los mismos (atrofia genital)

Los tratamientos de estrógenos locales (vía vaginal) a dosis bajas están aprobados para tratar los síntomas derivados de la atrofia genital. Si la mujer no tiene síntomas menopáusicos, la vía de administración de elección de los estrógenos es la vaginal y no hay necesidad de asociar un progestágeno.

Si la mujer tiene síntomas menopáusicos, el tratamiento hormonal sistémico (oral o a través de la piel) es el más adecuado, pero cuándo las dosis empleadas son muy bajas, en ocasiones tenemos que asociar estrógenos locales (vía vaginal) a dosis también bajas para conseguir la mejora de los síntomas.

La terapia hormonal tiene un efecto beneficioso sobre la función sexual. La sequedad y molestias durante la actividad sexual son frecuentes tras la menopausia. La aplicación local intravaginal de pequeñas dosis de estrógenos mejora estos síntomas al aumentar la lubricación y vascularización del área genital y, por lo tanto, la satisfacción sexual.

Terapia hormonal y diversas patologías

Terapia hormonal y osteoporosis.

El tratamiento hormonal es un tratamiento de primera línea para mujeres con síntomas menopáusicos y osteoporosis o con alto riesgo de tenerla (osteopenia).

Terapia hormonal y enfermedad cardiovascular

El tratamiento hormonal ha demostrado efectos positivos sobre varios marcadores cardiovasculares si el inicio de la terapia es en etapa temprana, durante la transición menopáusica y en los primeros años postmenopáusicos. No es así si el comienzo dela TH se aleja muchos años tras la menopausia (mujeres mayores de 60 años de edad).

La información que disponemos actualmente sugiere que el momento de iniciación de la terapia es la clave que podría explicar el efecto beneficioso o perjudicial de naturaleza cardiovascular. Si el inicio es temprano se reduciría el riesgo de enfermedad cardiovascular o no lo afectaría. Por el contrario, si el inicio es tardío (más de 10 años después de la menopausia) está demostrado que aumenta claramente el riesgo de enfermedad cardio-vascular.

Las mujeres con síntomas menopáusicos que reciben tratamiento hormonal durante los primeros años postme-nopáusicos se podrían beneficiar de los efectos positivos del tratamiento hormonal sobre ciertos marcadores de riesgo cardiovascular (perfil lipídico, calibre de las arte-rias, resistencia a la insulina, etcétera).

No tiene sentido la indicación expresa del tratamiento hormonal en el campo de la prevención cardiovascular cuándo disponemos de estrategias terapéuticas más efi-caces para reducir el riesgo de enfermedad cardiovascu-lar. Sin embargo, hay una cosa clara: el tratamiento hor-monal no está contraindicado en mujeres con factores de riesgo cardiovascular (diabetes, hipercolesterolemia, etcétera); al contrario, puede ayudar a mejorar el perfil de riesgo cardiovascular en mujeres sintomáticas durante la

transición menopáusica y los primeros años postmenopáusicos.

Terapia hormonal y cáncer

CÁNCER DE ENDOMETRIO.

Uno de los principales factores de riesgo de cáncer de
endometrio es un suministro de estrógenos constante y
continuado en el tiempo que no esté contrarrestado con
la suficiente administración de progesterona. La obesidad o cualquier tratamiento con estrógenos solos en
mujeres con útero son dos situaciones de mayor riesgo
de cáncer de endometrio.

Toda mujer postmenopáusica que tenga útero y necesite
terapia hormonal por síntomas menopáusicos deberá
seguir una terapia de estrógenos más progestágenos
para evitar este riesgo e incluso reducirlo. La mujer sin
útero (histerectomizada) solo necesita estrógenos como
tratamiento para los síntomas de la menopausia.

CÁNCER DE MAMA.

«No quiero hormonas, me da miedo que me provoquen un
cáncer de mama». Esto es lo primero que me comentó
Lola de 49 años de edad y sin regla desde hacía más de
6 meses cuándo le dije, tras individualizar su caso, que el
mejor tratamiento para sus síntomas era la terapia hormonal.

Lola explica que los síntomas que tiene afectan a su calidad de vida diaria, se queja también de sequedad vaginal y de actividad sexual poco satisfactoria en estos últimos meses.

El miedo al cáncer de mama es el verdadero problema a la hora de indicar el tratamiento hormonal a la mujer. Es importante el asesoramiento que damos en la consulta sobre ello y transmitir objetivamente la información que tenemos de los mejores estudios realizados hasta la fecha sobre este tema.

- El punto de partida del tratamiento hormonal es la fecha biológica de la menopausia (recordemos que la edad media está alrededor de los 50 años de edad).

- No se ha observado un aumento de cáncer de mama en mujeres sin alto riesgo de sufrirlo y que han utilizado tratamiento hormonal con estrógenos y progestágenos durante menos de 3- 5 años a lo largo de la transición y los primeros años postmenopáusicos. Es a partir de entonces cuando empieza aumentar el riesgo absoluto de sufrir cáncer de mama.

- No se ha observado un aumento del riesgo de cáncer de mama en las mujeres que han utilizado tratamiento hormonal con estrógenos solos (mujeres sin útero) durante 5 años tras su menopausia, después de más de 10 años de seguimiento.

- Se debería desaconsejar el tratamiento hormonal para mujeres con alto riesgo de cáncer de mama (historia de cáncer de mama familiar, historia personal de hiperplasia mamaria) y debería contraindicarse para mujeres con historia personal de cáncer de mama.

Vamos a analizar a continuación el caso de Lola: mujer sana con síntomas menopáusicos severos y síntomas vaginales derivados de la bajada estrogénica. No tiene mayor riesgo de cáncer de mama que otras mujeres de su misma edad.

¿Deberíamos aconsejar a Lola el tratamiento hormonal? En principio sí, no hay motivo para no hacerlo. Lola se beneficiaría del tratamiento hormonal (mejora sintomática, mejora de los síntomas vaginales y de la función sexual, prevención pérdida de masa ósea, etcétera) y de un buen perfil de seguridad.

Le aconsejaríamos iniciar el tratamiento hormonal con dosis bajas y reducir progresivamente la dosis según vaya observándose mejoría sintomática hasta finalmente retirarlo. Hay que recordar que los síntomas menopaúsicos suelen ir cediendo al cabo de 2 o 3 años de la menopausia, que es el período de tiempo que suele durar el tratamiento hormonal.

Aunque será la paciente en última instancia la que tome la decisión, desde el punto de vista médico sería el tratamiento más indicado.

Puntos clave

- La terapia hormonal es el tratamiento más eficaz para los síntomas vasomotores moderados o severos y las consecuencias adversas que están directamente relacionadas con el descenso estrogénico (atrofia vaginal).
- El tratamiento hormonal consiste en la administración de estrógenos y progesterona (TEP), las dos hormonas sexuales femeninas por excelencia, o de estrógenos solos (TE).
- La terapia hormonal puede ser utilizada por diferentes vías: oral (comprimidos), a través de la piel (gel, sprays, parches, implantes, etcétera) o intravaginal (óvulos, cremas, comprimidos vaginales).
- Todas las vías de administración son eficaces. La elección de una u otra vía dependerá de la historia personal de la paciente y de su predilección o comodidad percibida tras hablar con su médico de las ventajas e inconvenientes de cada una de ellas.
- La terapia hormonal tiene un efecto beneficioso sobre la función sexual. La sequedad y las molestias durante la actividad sexual son frecuentes tras la menopausia. La aplicación local de dosis bajas de estrógenos

mejora estos síntomas al aumentar la lubricación y vascularización del área genital y, por lo tanto, la satisfacción sexual.

- No se ha observado un aumento de cáncer de mama en mujeres sin alto riesgo de sufrirlo y que han utilizado tratamiento hormonal con estrógenos y progestágenos durante menos de 3-5 años a lo largo de la transición y los primeros años postmenopáusicos.

- No se ha observado un aumento del riesgo de cáncer de mama en las mujeres que han utilizado tratamiento hormonal con estrógenos solos (mujeres sin útero) durante 5 años tras la menopausia.

- La información y asesoramiento sobre el tratamiento hormonal cuándo está indicado (síntomas, atrofia genital) es fundamental y su individualización es la clave.

10. Nuestros mejores consejos de estilo de vida saludable

No es difícil dar consejos saludables de lo que se debe hacer o no hacer. Cuándo los recibimos son fáciles de registrar pero no tanto de incorporar a nuestra vida diaria. La moderación «bien entendida» (ni la A ni la Z) y la constancia o regularidad son las claves.

Sabemos la importancia que tiene la biología y la genética, pero igual de importantes son los factores relacionados con el hábitat en que vivimos (el aire que respiramos, los alimentos que comemos, los estilos de vida que llevamos, etcétera).

Vivimos en una sociedad neurótica, ansiosa y nada amigable con la salud en general. Intentaremos que nuestros consejos no caigan en el olvido y que perduren en la mente de las mujeres y de los profesionales que nos dedicamos al cuidado de la salud de la mujer y así conseguiremos aumentar su longevidad y calidad de vida.

No te olvides de los chequeos médicos regulares

- Mamografías periódicas.

- Análisis de sangre y de orina para descartar la presencia de enfermedades que aumentan su incidencia a partir de esta etapa (diabetes, hipertensión arterial, problemas tiroideos, etcétera).

- Pruebas de detección precoz de cáncer de colon a partir de los 50 años de edad, o antes si hay antecedentes de cáncer de colon entre tus familiares directos.

- Evaluación de la densidad mineral ósea si tienes factores de riesgo de osteoporosis.

Asimismo, los chequeos son un buen momento para consensuar o reforzar con tu médico tu estrategia personal de salud según tu historia y estilo de vida:

Síntomas menopáusicos y atrofia genital

- Habla sobre ellos y las opciones que hay para evitarlos o controlarlos (terapia hormonal, fitoterapia, alimentación, ejercicio, etcétera).

- Asesórate sobre los tratamientos disponibles para el bienestar vaginal (medidas higiénicas, estrógenos locales, productos hidratantes y lubricantes, esferas vaginales, terapia vibratoria, etcétera).

Salud general y cardiovascular

• Es importante el control de la talla, el peso y la tensión arterial. La pérdida de talla nos habla de mayor riesgo de osteoporosis; el sobrepeso o la obesidad y la hipertensión arterial son indicativos de mayor riesgo de problemas cardiovasculares o cerebrovasculares (diabetes, hipertensión arterial, infarto de miocardio, ictus cerebral o demencia).

• Chequeo regular de la glucosa o de la hemoglobina glicosilada, del colesterol y del perfil hepático y renal.

• Habla con tu médico de las recomendaciones actuales sobre la realización de estas pruebas, que dependerán también de tu historia personal de salud.

Salud mamaria

• Examen mamario anual.

• Mamografía cada uno o dos años a partir de los 40-50 años (o antes si eres una mujer de alto riesgo de sufrir cáncer de mama), cada 2 años si eres mayor de 65 años de edad y hasta los 74 años de edad, como mínimo.

• Habla con tu médico de las recomendaciones actuales sobre la realización de estas pruebas de acuerdo con tu perfil de riesgo particular.

Salud genital

• Exploración ginecológica anual.

- Citología cervical cada 3 años hasta la edad de 65 años si no hay anormalidades en las citologías previas.

- Pruebas de detección de infecciones de transmisión sexual y de VIH a ambos sujetos de la pareja antes de iniciar una nueva relación.

Salud ósea

- La realización de una densitometría ósea para determinar si hay riesgo de osteoporosis o su presencia sería deseable en todas las mujeres a partir de los 50 años de edad, pero especialmente en mujeres con presencia de factores de riesgo.

Salud del colon y recto

- Realización del test de detección precoz del cáncer de colon y recto (sangre oculta en heces, colonoscopia o sigmoidoscopia, test genético) a partir de los 50 años.

- Habla con tu médico sobre cuál es la prueba más idónea para ti, lo cual dependerá de tu perfil de riesgo.

Los controles regulares son tu salvoconducto, no los olvides.

Mantén un peso adecuado: tu salud depende de lo que comes y bebes

- *¡Hidrátate!* El agua es la bebida básica de una dieta equilibrada. Ayúdate con infusiones saludables.

- *No consumas bebidas alcohólicas a diario,* incluyendo vino, cerveza o tintos de verano. Tomar un vaso de vino o una copa de cava o una cerveza no es dañino si es sólo una unidad y de vez en cuando.

- *Conoce los alimentos amigables* que debes de combinar: frutas, verduras, cereales integrales (avena, arroz, trigo), legumbres, carnes magras con bajo contenido en grasas saturadas, pescados ricos en ácidos grasos poliinsaturados omega 3, como los azules, huevos, aceites vegetales ricos en ácidos poliinsaturados omega 6, como el aceite de oliva o girasol.

- *Conoce también los alimentos cuyo consumo debes moderar o evitar según tu perfil de salud*: todos aquellos con alto contenido en grasas saturadas (natas, mantequillas, carnes no magras, embutidos, productos industriales como bollería, platos precocinados, aceite de coco y de palma, leches enteras) o de alto contenido en hidratos de carbono, procesados o refinados (arroz banco, dulces, bollería) o de alto contenido en sodio (cubitos de caldo, conservas, aceitunas, salazones).

- *Aprovecha tus controles regulares para comentar dudas sobre la alimentación* que llevas. Tu médico te asesorará sobre la necesidad de seguir una estrate-

Nuestros mejores
consejos de estilo
de vida saludable

gia dietética especial según tu perfil de riesgo de salud (problemas de peso, estreñimiento, diabetes, hipertensión, etcétera) o sobre la necesidad de la toma de suplementos de calcio y vitamina D para la prevención o tratamiento de la osteoporosis.

El cuerpo se tiene que mover para tener una buena salud física y mental

Sabemos que la inactividad física es un factor de riesgo de problemas de salud en general (cardiovasculares, osteoporosis, articulares o musculares, mentales, etcétera).

Estamos inmersos en la vorágine de la vida y nos hacemos perezosos. Tenemos que desterrar el pensamiento de «me gustaría, pero no encuentro el momento de hacer ejercicio».

La práctica de actividad o ejercicio físico moderado (unos 30 minutos) pero constante en el tiempo (por lo menos 3 días a la semana) es una de las claves para aumentar la longevidad y la calidad de vida.

Interioricemos —y no sólo registremos en la memoria— las principales razones para su práctica.

- Mejora los síntomas menopáusicos (sofocos, trastornos del sueño, etcétera).

- Tiene un efecto positivo sobre el estado de ánimo, la depresión y otros problemas psíquicos.

- Nos ayuda a controlar los principales factores de riesgo cardiovascular: hipertensión, niveles elevados de glucosa y colesterol, y a mantener la capacidad pulmonar.

- Es un gran aliado para mantener un peso adecuado y mejorar el estreñimiento.

- Frena la pérdida de masa ósea y mejora la capacidad de coordinación, reflejos y agilidad de nuestros movimientos, y previene el riesgo de caídas.

- Nos ayuda a ser más sociables en la vida en general.

Asesórate y busca el tipo de ejercicio físico más idóneo para ti —andar rápido, correr, bailar, yoga, pilates...— y si es en compañía mucho mejor.

No te aísles y diviértete

Los seres humanos somos sociables, busca tiempo para salir y divertirte con tu gente. Tu mente y memoria te lo agradecerán y también tú entorno más cercano.

El penúltimo consejo

Y SIEMPRE HACIA ADELANTE.